プラットフォーム・モデル の競争戦略
事業創造のマネジメント

小見志郎 著

Competitive Strategy of Platform Models
Shiro Komi

東京 白桃書房 神田

はじめに

イノベーションの源泉への問題意識

　21世紀の経済社会における位相が国際的に大きく転換しつつある。日本の産業経済はこれまでの国際競争力を培ってきた高い技術力によるイノベーションから，次なるイノベーションを希求している。20世紀後半から我々が学んできたイノベーションは，プロダクト・イノベーションでありプロセス・イノベーションであった。その枠組みを踏まえながら，社会科学の現場では新たなイノベーションの原理を模索している段階にある。その模索は，「場」によるイノベーションやネットセントリック論などネットワークによるイノベーションの研究など多岐に及んでいる。

　そのようななか，1999年に事業開始したiモードは，革新的なコンテンツを数多く生み出し，多彩なベンチャー企業が起業されてきたことはよく知られている。そして，ソーシャル・ネットワーキングなど，日本人の若者のライフスタイルを大きく変えるまでのイノベーションをもたらしてきた。事業開始からほぼ10年が経過し，そのイノベーションがもたらした意義を総括的に分析するところに，次なる新しいイノベーションの源泉がみえてくるのではないだろうか。

　その切り口は，iモードという「プラットフォーム」である。これまでにも，消費生活の場ではクレジットカードなど，生産活動の現場ではグリーン調達プラットフォームなど，いろいろなプラットフォームが出現してきている。また，最近では，スマートフォンや電子マネーなどのプラットフォームも社会的に普及してきている。プラットフォームがイノベーションの源泉となって，我々の生活に新たな価値をもたらしてきている。

社会が必要とするイノベーションの構造

　新しいイノベーションの方向は，文化の創造をもたらすイノベーションであったり，新たな消費者行動を生み出す価値観やライフスタイルを提案する

i

イノベーションであったりするものではないだろうか。この文脈からは，先のiモード・イノベーションやサービス産業の生産性が問われているなかで提唱されているサービスイノベーションも含まれてくる。さらに，社会が抱える諸問題の解決に有効なイノベーションも特段望まれている。高齢化社会，低炭素社会，防災，食の安全安心など，社会的な問題解決のための技術とそのイノベーションである。その技術を社会技術とすると，社会技術を活用したイノベーションを創出する構造も明らかにする必要もある。

「プラットフォーム」を軸に数多くの実証的な分析をすることで，これらイノベーションの構造を明らかにすることが求められてきていると考える。

プラットフォーム研究への視点

コンテンツから社会技術までのイノベーションを創出するプラットフォームの実証研究においては，次のような視点と流れを考察していくこととしたい。
①これからの日本社会が必要とするイノベーションの源泉を明らかにする
②イノベーションの「場」となるプラットフォームを意義づける
③プラットフォームをいかに構築するか，その原理を考察する
④事業創造戦略としてのプラットフォーム戦略の仕組みと構造を分析する
⑤新たな経済社会の活力を創出するプラットフォーム・モデルを問題提起する

このような視点を明確にすることによって，イノベーション創発について実証分析する意義が生まれてくる。ここで，創発は，自然発生的に生み出されるというだけではなく，戦略的な行動と行為が伴うことを意味しているものである。

プラットフォーム戦略―プラットフォーム・モデルによる仮説構築

このような研究の視点から，革新的なケータイコンテンツを創出し，コンテンツに関連した数多くのベンチャー企業を湧出したiモードなどの，プラットフォームを活用したイノベーション創発の戦略を「プラットフォーム戦略」と定義づけて，そのプラットフォーム戦略を事業創造のマネジメント

の一環として考察することを本書の研究目的とする。

　プラットフォーム戦略の研究は，イノベーションの実証分析を通じて，経営行動と戦略を分析することを枠組みとして研究する。その枠組みは，プラットフォームを構築し，そこに優れた商材やコンテンツを集め効果的に編集する「プラットフォーム編集モデル」，プラットフォームをオープンにした事業モデルを自ら構築する「プラットフォーム公開モデル」，プラットフォームを関係者とともに協働で構築し事業創造を図る「プラットフォーム協働モデル」という仮説を用意した。

　この3つの「プラットフォーム・モデル」を構築し，そこに関与する企業の経営行動を分析することによって，プラットフォーム戦略の妥当性を検証することを特色としている。本書は，プラットフォーム・モデルの仮説構築を検証するところに大きな意義がある。大方のご批判とご指導をいただきたいところである。

本書の構成

　本書は，7章から構成される。先に述べた3つのプラットフォーム・モデルを本書の骨格とし，事業創造のマネジメントについて，大きく次の5つのパートで論考することとしたい。

①仮説構築編（第1章，第2章）

　場のマネジメントやプラットフォーム・ビジネスなどの先行研究から，プラットフォームを定義し，イノベーション創発のプロセスとそこでの経営行動から，プラットフォーム編集モデル，プラットフォーム公開モデル，プラットフォーム協働モデルという3つのプラットフォーム・モデルを仮説構築している。これらから，事業創造を導く戦略的視点を導出することとしたいからである（第1章）。それをもとに，プラットフォーム・モデルの競争戦略においては，ネットワーク効果を有効に働かすことの重要性を問題提起する。プラットフォームにいかに需要を呼び込むか，さらに，プラットフォームの構成サイドに有益な効果を相乗的に高めていくネットワーク効果増幅メカニズムが何よりも重要だからである。ネットワーク効果の統計分析もしながら，プラットフォーム戦略の有効性を考察する（第2章）。

②**プラットフォーム編集モデル編**（第3章）

　iモード・プラットフォームを事例に，ベンチャー企業の参画行動と先行者優位の競争戦略を実証分析する。iモード・プラットフォームにいち早く参画することで先行者としてのメリットを享受する行動である。そして，iモードで普及したコンテンツの市場構造を分析する。これらから，なぜプラットフォームがイノベーションを惹起するかを論証する。また，プラットフォームを構築したプラットフォーム事業者とそのプラットフォームに群がる補完事業者との企業間結合関係は緩い間欠的な関係であることから，疎結合という関係性に着目し，ビジネスモデルや経営資源を補完する提携行動も疎結合の関係性が有効に機能していることを明らかにする。この疎結合の関係性によって，コンテンツの新しいカテゴリーが創出され，コンテンツの新しいイノベーションをもたらしている構造を分析する。

③**プラットフォーム公開モデル編**（第4章）

　ものづくり企業によるサービスイノベーションに注目が集まっている。ものづくり企業がダイレクトに顧客との関係を重視したマーケティング行動をするようになって，価値共創という戦略軸を経営戦略に取り込むようになってきているからである。その価値共創をもたらすプラットフォームを対業務用にも対消費者用にも構築している企業を事例に，価値共創を伴うプラットフォームのオープン化の構造を実証的に分析する。その公開したプラットフォームは，不足する経営資源を補完するためにも，多様なマーケティング・チャネルの組織学習を積み重ねた価値創造戦略を導く。

④**プラットフォーム協働モデル編**（第5章，第6章）

　食の安全安心，防災・国土保全，医療・福祉支援，環境エネルギーの4つの領域について，社会が抱える複雑な問題解決のために必要な技術，社会技術に取り組む開発事例を11企業抽出した。これら企業のプラットフォーム構築事例から，プラットフォームが社会の諸問題解決にいかに有効かを考察する。いずれも金井（1999）が定義する戦略的社会性を行動原理とし，社会技術という特定の技術を社会に浸透させることで社会的形成を図っていることを分析した（第5章）。しかしながら，社会技術の事業化は容易ではないことが多い。市場メカニズムが働きにくいこともあるからである。第5章で

本研究の枠組みと構成

```
        第1章 プラットフォーム研究
             と実証分析の枠組み
                    ↓
          第2章 プラットフォームの設計
             ルールとネットワーク効果
                    ↓
第3章                                    第4章
プラットフォーム    第7章 実証分析にもとづいた    価値共創の
編集モデルとイノ →   プラットフォーム戦略    ← プラットフォーム
ベーション行動                              公開モデル
                    ↑
          第6章 社会の諸問題解決への
             プラットフォーム協働モデル
                    ↑
          第5章 社会の諸問題解決への
             プラットフォーム構築の条件
```

は，その事業化を導くプラットフォームの基礎的条件を明らかにすることに注力する。さらに，プラットフォーム戦略の事例分析では，高齢化社会が抱える問題解決をケースとして分析する。その問題解決に協働して取り組む4つの事例を取り上げた。医療費削減のためにジェネリック医薬品を国民健康保険・健康保険組合加入者に通知するサービスや，食の安全安心の技術を支えに中山間地の高齢者に働く喜びをもたらすプラットフォームなど，協働の場づくりを通じて高齢化社会の問題解決に取り組んでいる4つのプラットフォーム事例を対象に，協働のネットワーク組織によるサイド間ネットワーク効果の有効性を導出した（第6章）。これらの社会技術を活用した事業創造を源泉としたイノベーションの可能性を明らかにしている。

⑤実証分析の妥当性検証編（第7章）

3つのプラットフォーム・モデルの実証分析によって，競争戦略について検証し，ビジネスモデル革新の必要性を論考する。また，3つのプラットフォーム・モデルを統合した戦略デザインの構図を組み立てる。その構図において，プラットフォーム戦略は，新市場創出や企業間連携能力を培うのに

有効な視座を与えることを導く。そして，今後，プラットフォーム戦略が拡がることを期待し，日本の産業社会に必要なイノベーション創発の戦略的枠組みを導き出すことを考えていく。

謝辞

　本書を執筆するうえで多くの企業関係者と行政機関の方々にお世話になった。第3章では，NTTドコモの関係者各位には貴重な資料提供とヒアリングに協力していただき，ここに記して御礼申し上げたい。

　第4章では，広島に拠点をおいているアスカネットを事例企業にしている。アスカネットは，ものづくり企業でもありサービス企業でもある成長性に富んだベンチャー企業である。福田幸雄社長には画像処理技術の現場を案内していただき多くをお教えいただいた。また福田社長には，私が担当する大学のベンチャービジネス論の講義にも出講していただき学生たちにベンチャービジネス起業への多くの刺激を与えていただいた。厚く感謝申し上げたい。

　第5章，第6章では，社会技術という特定の応用技術をもつ企業を分析対象とし，協働についての研究フィールドも教育の合間を縫って出張できる範囲を優先した。対象とした11社と4つの事例すべてにインタビューを繰り返している。対象企業と行政機関には貴重な時間と情報を提供していただいた。プラットフォームの協働の場づくりの苦労話をはじめ，事業創造の楽しさと難しさまでお教えいただいた。ここに深く感謝申し上げる次第である。

　最後に，本書は，平成18年度電気通信普及財団研究調査助成，平成19―20年度科研費補助金（基盤研究(C)，課題番号：19613005）の研究成果を公開するとともに，平成22年度科研費研究成果公開促進費補助金を得て，刊行することができた。ここに記すところである。

　　2010年12月

　　　　　　　　　　　　　　　　　　　　　　　　　　　　小見　志郎

目　　次

はじめに　i

第1章　プラットフォーム研究と実証分析の枠組み

1．イノベーションの創発とプラットフォーム ……………………1
　(1)　知識社会におけるイノベーションの創発　1
　(2)　イノベーション創発の「場」としてのプラットフォーム　3
2．プラットフォーム論の台頭 ……………………………………5
　(1)　プラットフォーム論の先行研究　5
　(2)　プラットフォームの特質　7
3．プラットフォームの形態と構造 ………………………………8
　(1)　プラットフォームの形態　8
　(2)　プラットフォームの構造　10
4．イノベーション創発のプラットフォーム・モデル …………11
　(1)　3つのプラットフォーム・モデル　11
　(2)　プラットフォーム・モデルにおける競争分析　14
5．プラットフォーム戦略と実証分析の枠組み …………………16
　(1)　実証分析の枠組み　16
　(2)　実証分析におけるプラットフォーム戦略の論点　17

第2章　プラットフォームの設計ルールとネットワーク効果

1．プラットフォームの設計ルール ………………………………19
　(1)　プラットフォームの設計ルール　19
　(2)　プラットフォームへのアクセス増勢メカニズム　21
　(3)　ワンサイドからマルチサイドまでのプラットフォームの設計　22

vii

2．プラットフォームのネットワーク効果 ……………………… 23
　　(1)　プラットフォーム特有のネットワーク効果　23
　　(2)　サイド内とサイド間のネットワーク効果　24
3．ｉモードをケースとしたネットワーク効果の試算 …………… 26
　　(1)　ネットワーク効果の推計モデル　26
　　(2)　ｉモード・プラットフォームのネットワーク効果　28
4．ネットワーク効果を増幅するプラットフォーム機能 ………… 30
　　(1)　情報探索コスト縮減と無駄な共通コスト削減のプラットフォーム
　　　　機能　30
　　(2)　情報の非対称性を解消するプラットフォーム機能　31
5．新市場を創造するプラットフォーム拡張戦略 ………………… 32
　　(1)　新しいサイドを追加するプラットフォーム拡張戦略　32
　　(2)　バンドル化とプラットフォーム包囲戦略　33
　　(3)　新市場創造へのネットワーク効果増幅メカニズム　34

第3章　プラットフォーム編集モデルとイノベーション行動

1．プラットフォーム編集モデルと疎結合の経営行動 …………… 37
　　(1)　プラットフォーム編集モデルの構造　37
　　(2)　ツーサイド・プラットフォームにおける疎結合の経営行動　39
2．ネットワーク効果が働く市場での先行者優位の継続的獲得 … 42
　　(1)　ｉモード・プラットフォームへの参画行動　42
　　(2)　ｉモード・プラットフォームにおける先行者優位の獲得競争　44
　　(3)　ｉモード・プラットフォームにおける模倣障壁と専有可能性　47
　　(4)　ネットワーク効果が働く市場での先行者優位の継続可能性　48
3．ネットワーク効果を増幅するカテゴリー拡張の事例分析 …… 49
　　(1)　ｉモードにおけるコンテンツ・カテゴリーの拡大プロセス　49
　　(2)　補完事業者のバンドル化によるカテゴリー拡張の事例　52
　　(3)　自発的な投資行動によるサイド間ネットワーク効果の増幅　55
4．ネットワーク効果を活かしたビジネスモデル ………………… 56

(1) ビジネスモデルの要素　56
　　(2) 疎結合のビジネスモデル特性　57
　　(3) ネットワーク効果を活かしたビジネスモデル　59
　5．プラットフォーム編集モデルとイノベーションの創発 …………61
　　(1) プラットフォーム編集モデルの競争力の源泉　61
　　(2) カテゴリー開発に有効なプラットフォーム編集モデル　62
　　(3) プラットフォーム編集モデルによるイノベーションの創発　63

第4章　価値共創のプラットフォーム公開モデル

　1．ものづくりと価値共創のイノベーション ……………………………67
　　(1) ものづくり分野のサービスイノベーション　67
　　(2) 顧客との関係構築による価値共創　69
　2．プラットフォーム公開モデルの特質 …………………………………71
　　(1) プラットフォームを公開する経営行動　71
　　(2) 価値共創のプラットフォーム公開モデルとその特質　73
　3．プラットフォームの公開による事業革新の事例 ……………………75
　　(1) 事例抽出の視点　75
　　(2) 事例企業の成長プロセス　76
　　(3) 事業創造の革新性とビジネスモデル　78
　　(4) プラットフォーム公開の端緒と事業機会　80
　4．ワンサイド・プラットフォームの競争力とその成長基盤 …………85
　　(1) マーケティング・チャネル構築の組織学習　85
　　(2) 価値共創のビジネスシステムとアクセスの調整　88
　　(3) プラットフォーム公開の模倣障壁と成長基盤　90
　5．プラットフォーム公開モデルと収穫逓増の法則 ……………………92
　　(1) ワンサイドとツーサイドのプラットフォームの差異　92
　　(2) 収穫逓増を生み出すプラットフォーム公開モデル　95
　　(3) プラットフォームの公開によるイノベーションの創発　96

第 5 章　社会の諸問題解決へのプラットフォーム構築の条件

1. 社会の諸問題解決への社会技術 ………………………………99
   (1) 社会の諸問題解決への学際的アプローチ　99
   (2) 社会技術による問題解決領域　101
2. 社会の諸問題解決への社会技術の開発事例 ……………………104
   (1) 社会技術の開発事例の抽出　104
   (2) 食の安全安心領域　106
   (3) 防災・国土保全領域　109
   (4) 医療・福祉支援領域　113
   (5) 環境エネルギー領域　116
3. 社会技術の事業化へのプラットフォーム構築の事例分析 ………118
   (1) 社会技術のプラットフォーム構築と需要面の規模の経済性　118
   (2) プラットフォーム構築へのサイド構成　120
   (3) 社会技術の事業化に有効な2つの課題　122
4. 事業化に必要な情報の非対称性の解消 …………………………123
   (1) 情報の非対称性解消の基本要素　123
   (2) 標準プロトコル，双方向性，認証評価機能　124
   (3) 情報の非対称性解消と社会技術の事業化　126
5. 社会技術の収益性確保へのネットワーク効果の活用 ……………128
   (1) 社会技術の収益性確保へのネットワーク効果増幅戦略　128
   (2) バンドル化とプラットフォーム架橋戦略　131
6. 社会技術のプラットフォーム構築の条件と戦略 …………………133
   (1) 社会技術のプラットフォーム構築の条件　133
   (2) 社会技術の有用性を高めるプラットフォーム戦略　136

第 6 章　社会の諸問題解決へのプラットフォーム協働モデル
　　　　　―高齢化社会問題をケースとして―

1. プラットフォーム協働モデルの概念 ……………………………139

（1）　プラットフォーム協働モデルの概念　　139
　　（2）　協働のネットワーク組織　　141
　2．高齢化社会の問題解決へのプラットフォーム協働モデルの事例……142
　　（1）　プラットフォームを活用した高齢化社会の問題解決　　142
　　（2）　医療費削減・健康増進プラットフォーム　　144
　　（3）　独居高齢者の生活支援プラットフォーム　　150
　　（4）　高齢者の働きがいと食の安全安心プラットフォーム　　155
　　（5）　高齢者移住のタウンマネジメント・プラットフォーム　　161
　3．プラットフォームのマルチサイド組成と非価格的調整…………165
　　（1）　多層的なユーザー・グループによるマルチサイド組成　　165
　　（2）　マルチサイドへの適切なアクセスへの非価格的調整　　168
　4．問題解決へのサイド間ネットワーク効果増幅メカニズム………170
　　（1）　サイド間ネットワーク効果増幅メカニズム　　170
　　（2）　範囲の経済性の創出による問題の解決　　172
　5．プラットフォーム協働モデルとイノベーション創発の構図……173
　　（1）　アジェンダの明快なプラットフォーム協働モデル　　173
　　（2）　マルチサイド・プラットフォームと新市場の創造　　174
　　（3）　社会生活システム革新とイノベーション創発の構図　　175

第7章　実証分析にもとづいたプラットフォーム戦略

　1．プラットフォーム・モデルの検証とビジネスモデル革新………177
　　（1）　プラットフォーム・モデルの競争優位性とその検証　　177
　　（2）　プラットフォーム・モデルのアクセス増勢システム　　181
　　（3）　プラットフォーム導入の端緒とビジネスモデル革新　　183
　2．プラットフォーム戦略のデザイン………………………………186
　　（1）　プラットフォームの拡張と戦略デザイン　　186
　　（2）　ネットワーク効果増幅メカニズムとその活用　　190
　　（3）　プラットフォーム戦略による新市場の創出　　193
　3．プラットフォーム戦略の拡がり…………………………………194

(1) イノベーション創発の構造　194
(2) プラットフォーム戦略の拡がり　196

おわりに　201
参考文献　203
索　引　207

第1章

プラットフォーム研究と実証分析の枠組み

❶ イノベーションの創発とプラットフォーム

(1) 知識社会におけるイノベーションの創発

イノベーション創発への問題意識

　経済社会の将来への道程を照らし出すダイナミックなイノベーションへの期待が高まっている。自動車や電機など日本経済を支えてきた輸出依存の産業は，中国やインドなどの新興企業との競争が激化しているばかりでなく，製品の差別化が働かないコモディティ化にも直面している。それらに加え，カーボンオフ対策などにも対応が迫られている。これらの大きな環境変化に加えて，日本経済は足元の少子高齢化社会における社会保障のシステムそのものが揺らぐまでになっている。そのようななかで，次々にイノベーションが湧き上がってくる経済システムへの期待が高まっている。ダイナミックなイノベーションを誘導していくためには，知識社会の基盤技術でもある情報通信技術（ICT）をより一層活用することが求められている。

　しかし，すでにわれわれは知識社会への確かなイノベーションを経験してきている。携帯電話とともにiモードを利用し始め，ケータイコンテンツを楽しむライフスタイルが定着して10数年が経った。この10年少しの間に，ケータイコンテンツに関連したベンチャー企業が次々に群生し，経済と雇用に大きな活力を与えてきた。iモード・イノベーションは情報通信技術によるコンテンツ・イノベーションをもたらしたと考える。iモードでコンテンツを楽しむライフスタイルを創り出したばかりでなく，iモードというプラットフォームに群がるベンチャービジネスをインキュベート（孵卵）した

ところに経済のダイナミズムが実感できたからである。そのような新しいベンチャー企業が次々に湧出してくるイノベーションを分析し，次なるイノベーションを創出するための知見を整理することがいま求められているのではないだろうか。

イノベーションの枠組み

　イノベーション研究が注目され始めた1980年代半ば，榊原（1984）は，技術戦略と組織戦略から3つのイノベーション類型を提案した。創発型イノベーション，計画型イノベーション，ゲシュタルト・イノベーションである。創発型イノベーションは自然発生的に湧き上がってくるイノベーションであり，計画型イノベーションは統合的な戦略と計画を基礎に一定のプロセスを辿るイノベーションである。いずれも技術開発のロードマップをある程度見通すことのできる状況下でのイノベーションである。一方，ゲシュタルト・イノベーションは，企業の独自能力を構成する技術蓄積の全面的な組み

図表1-1　イノベーションのタイプとプラットフォーム戦略

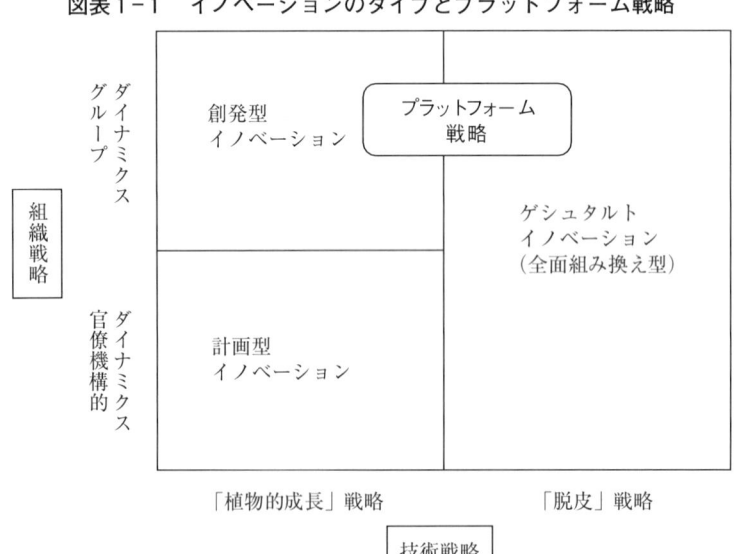

（出所）榊原（1984）をもとに筆者作成。

換えを伴うイノベーションである。パラダイムを大きく転換させるラディカルなイノベーションで，現代の日本企業に真に求められているイノベーションでもあるだろう。強靭な組織戦略と強いリーダーシップをもってイノベーションを遂行した事例は少なくない。ここで，榊原（1984）はもう1つの論点として当時着目されつつあった社内ベンチャーを研究の枠組みに位置づけている。創発型と計画型の間にある共生的な戦略組織で，特定の技術領域に局限するが，個人の創意で異質な市場への進出や異質な製品開発を担う役割に合致した共生型イノベーションと位置づけている。

プラットフォーム戦略の定義と位置づけ

このイノベーションの枠組みに，先のiモード・イノベーションを適用してみれば，NTTドコモがゲシュタルト・イノベーションを切り拓き，その状況に応じて，数多くのコンテンツを扱うベンチャーが群生し，裾野の広いイノベーションを形成していったと解釈することができる。このようなイノベーションは創発型とゲシュタルト・イノベーションにまたがる新たな概念と考えることができ，iモードなどのプラットフォームによるイノベーション創発の戦略を「プラットフォーム戦略」と定義し，そのプラットフォーム戦略を競争戦略[1]の視点から考察していくことが本書の大きな枠組みである。

このプラットフォーム戦略は，創発型イノベーションとゲシュタルト・イノベーションとにまたがり，技術の脱皮をもたらし，組織的な全面組み換え型のイノベーションの方向を導く戦略と考えることができる。プラットフォーム戦略は，技術戦略の枠を横串し，構造的にも新しい事業創造を導くイノベーション戦略である。

(2) イノベーション創発の「場」としてのプラットフォーム

イノベーション創発の場

イノベーションを創発していく場はどのように構想することができるだろうか。伊丹（1999）は，場のマネジメントという新しい経営のパラダイムを提示している。ここで，場とは，「人々が参加し，意識・無意識のうちに相

互に観察し，コミュニケーションを行い，相互に理解し，相互に働きかけ合い，共通の体験をする，その状況の枠組みのことである」と定義している。そして，情報を交換し合い，刺激し合う情報的相互作用の容れものが場であり，情報的相互作用を束ねるものが経営だとしている。その場の創発には，自由，信頼，情報共有が基礎的条件となると論じている。

　この自由は，他の人々とつながり合う自由で，ネットワーク的つながりのことであり，そのメンバー間の信頼と情報共有が場を創発する。この文脈からすれば，イノベーションの創発は，イノベーションを担うメンバーが自由にネットワークでつながり，信頼を介して情報共有する仕組みが形成され，情報的相互作用によって新たな価値を生むプロセスということになる。

　このネットワーク的に自由につながり合い，つながったメンバー間で信頼が醸成され，情報共有されていくことによって，ネットワークそのものが意思決定の中心になっていく。この考え方を，西口（2007，2009）は，ネットセントリック論として経営論に取り入れる試みを展開している。同様に，ベンチャー創発の場に応用した金井（1999）は，組織的に他律的な意思決定でなく，自由につながって自律し，社会価値を創造するネットワークをソシオダイナミクス・ネットワークと定義している。

　イノベーションを創発する場は，特定の点や場所ではなく，人と人（組織）が自由につながったネットワークにあり，そのネットワークは信頼と情報共有を基礎条件とし，個々の企業価値よりもネットワーク全体の価値，社会価値を創造するものであることが，先行研究から導かれる。このような考え方は，最近注目されているソーシャル・キャピタルにもつながる。ソーシャル・キャピタルは，宮川・大守（2004）によると，社会的なネットワークとそこから生まれる規範，価値，信頼といったソフトな関係を意味するとされているように，ソーシャル・キャピタルが豊かな社会はイノベーションを創発しやすい社会でもある。

プラットフォームの定義

　さて，自由につながり，信頼と情報共有の仕組みとなる「場」は，特定の点や場所でなく，ネットワーク化されたものである。本書では，この場を

「プラットフォーム」とし,「自律した主体が自由につながり情報を共有しながら,そこから信頼の関係が生まれる。その場は,社会的な価値を創造するネットワーク組織であり,そこへのアクセス・ポイントが明確に規定されたネットワーク体」と定義することとする。

先に,「iモードというプラットフォーム」と表現したが,iモードはネットワーク組織として構成されたプラットフォームである。このiモード・プラットフォームに多くのコンテンツプロバイダーが参画して,コンテンツ・ビジネスの新しいイノベーションを創造してきている。また,同様に,楽天は,インターネット上に楽天市場というプラットフォームを創り出すことで,電子商取引ビジネスの新しいカテゴリーを生み出し,消費者に新たなライフスタイルをもたらすイノベーションを提起した。

❷ プラットフォーム論の台頭

(1) プラットフォーム論の先行研究

プラットフォーム論台頭の契機

iモード,iTunes,iPhone,楽天,Alibaba,Suicaといったプラットフォームが産業・企業システムに特異な機能と役割を高めてきている。このようなプラットフォームを製品・サービスの設計思想に組み入れた新たな経営戦略として注目されているのがプラットフォーム論である。

このプラットフォーム論が台頭してきた契機には,大きく次の2つの潮流が作用している。第1は,1990年代後半からの電子商取引市場の出現を契機に,ネットワーク・ビジネスそのものの仕組みを解明し,ビジネス・プラットフォームを構築するビジネス・アプローチが潮流となったことにある。その代表的な先行研究に國領 (1999) がある。第2の潮流は,Eisenmann et al. (2007) が指摘するように,マイクロソフトの反トラスト法訴訟を契機 (2001年) に,情報ネットワーク論の新しいアプローチとして,ネットワーク効果に着目した研究が高まってきたことにある。そのネットワーク効果が複数の市場を形成するという視点での産業組織論の研究や資源ベースド・

ビュー論によるプラットフォームの競争戦略に着目した研究などが多く提示されるようになってきた。

プラットフォーム論の先行研究

　プラットフォームそのものがビジネスの主体になることに着目した國領(1999)は，顧客から発信される情報から付加価値を生むビジネスモデルを構築し，情報を集約する事業経営を，プラットフォーム・ビジネスと呼んでいる。電子商取引では，プラネットやミスミ，オークネットなどビジネスを電子的に仲介する企業が成長しているからである。そして，プラットフォーム・ビジネスが提供する機能として，5つの機能を指摘している。第1は，取引相手の探索である。ネットワークに商品探索機能を付加することで，商圏を大幅に広域化できるとしている。第2は，信用（情報）の提供である。信用が供与されてこそ取引が成立するからである。第3は，経済的価値評価である。ネットワーク上で提供される商品の価格形成機能である。第4は，標準取引手順についてである。取引の段取りや様式，契約の条件などである。第5が，物流など諸機能の統合の論理である。配送，支払，決済などの機能が統合されることである。

　これらの機能は，ビジネスモデルの要素ともなっている。そして，プラットフォームとして，宅急便やクレジットカードのように，それらが存在しなかったときには成立しにくかった取引が成立することを意味している。クレジットカードがプラットフォームとなったことによって，旅行者にとって信用が代替されてサービスを受けることができるようになった。このようなプラットフォームに着目したビジネスモデルを提起したところに新鮮さが浮き彫りになった。

　また，ネットワーク経済論からのアプローチにも多くの先行研究がある。その大きな特色は，プラットフォームには情報やユーザーが自ずと集まり，経済取引が高まっていく現象に着目したものである。Katz and Shapiro (1985) はその現象をネットワーク外部性と問題提起し，ネットワーク経済に新しい命題を提示した。このネットワーク外部性は情報ネットワーク経済論に新しい知見を投げかけてきた。

さらに，Eisenmann et al.（2007）は，産業組織論などの視点で，ネットワーク外部性は技術選択に固有の課題で，その枠組みを超えて，ネットワーク効果という新たな命題が提起されるようになったと問題提起している。プラットフォーム固有のネットワーク効果がさまざまみられるというものである。Parker and Van Alstyne（2005）やHagiu（2006, 2007）などによって，ツーサイド・プラットフォームなどにおけるネットワーク効果が論証されるに至っている。

⑵　プラットフォームの特質

プラットフォーム研究の意義

　これまでの先行研究から，プラットフォームは，クレジットカードや宅急便などのように，ネットワークを成り立たせ，ビジネスにもなることで，従来できなかったサービスに新しい付加価値を加えることができるものである。言い換えれば，プラットフォームはイノベーションを創発するネットワークでつながった容れものである。そのプラットフォームは，自由，信頼，信用，情報共有などの条件を有している。プラットフォームに着目する意義は，このネットワークでつながった容れものの価値にある。

　このようなプラットフォームは，
- どのようなものであればイノベーションを創発しうるのか
- プラットフォームのどのような特質を活かせばいかなるイノベーションが創発するのか
- プラットフォームはどのような組織や主体によって運営されるのか
- そのプラットフォームをもつビジネスモデルはどのようなものか

などが問われてくる。

　また，そのプラットフォームによるイノベーションによって，新しい産業群やベンチャーを誘発することになるのかなど，プラットフォームの事例研究を積み重ねて，イノベーション創発の構造を解明していく必要があると考える。

プラットフォームの特質

　プラットフォームは，事業システムを構築する戦略的行動を伴い，新しい事業創造へと導くものである。このようなプラットフォームでイノベーションを創発する戦略が「プラットフォーム戦略」である。

　プラットフォームに着目するのは，新しい事業創造へ導くという視点をもとに，事業システムを構築する戦略的な枠組みを提示しうるからである。これまでの事業システム戦略は，競争戦略やビジネスモデルを重視してきたが，事業システムとしてのプラットフォームそのものが戦略性をもっていることに注目してこなかったからである。

　クレジットカードなど消費者行動の場でも，またグリーン調達プラットフォームなど生産活動の現場でも，いろいろなプラットフォームが出現している。また，最近では，電子マネーなどのプラットフォームも出現している。プラットフォームがイノベーションの源泉となりつつあるといっていいのではないだろうか。

　なぜなら，「ハードとソフトの分離」が数多くの機器システムでみられ産業システムや事業システムが再構築される傾向が高まってきているからである。iモード，またゲーム機器などのコンソール機器とそこに搭載されるコンテンツ，ソフトウェアは分離されて提供されてくる。言い換えれば，「デバイスとアプリケーションの同期化」が求められ，そのインターフェースが公開されてプラットフォームを形成することになる。ナビゲーション・ソフトを搭載したiPhoneも同様である。このソフトウェアを開発しアプリケーションを同期化するところに，新たなビジネスモデルとイノベーションが働くことになる。

❸　プラットフォームの形態と構造

(1)　プラットフォームの形態

プラットフォームの形態

　プラットフォームの形態は実に多様である。デジタル情報流通のソフト

ウェア・プログラムから，クレジットカードなどのメディア媒体，インターネットを介した取引市場，さらには，ショッピング・モールや証券取引所まで多様で幅広い。

　本書では，プラットフォームの形態を，ソフトウェア，メディア機器，製造・流通ネットワーク，商業・都市施設に区分することとする。

　ソフトウェアでは，文書交換プログラムで多く利用されているAdobeはReaderとWriterの2つのプログラムがプラットフォームとして流通している。このようなプログラムは数多く存在している。また，iモードや楽天のようなデジタル情報流通のプラットフォームもソフトウェアの一環としてのシステムから構成されている。さらに，価格.comのように，豊富なデータベースを擁して成り立っているプラットフォームもソフトウェアの形態である。

　メディア機器はさらに幅広い形態から成り立っている。カーナビゲーションのようなソフト搭載のメディア媒体，iPadやニンテンドーDSなどのコンソール，さらには，ICカード搭載の交通系電子マネーまで幅広い。日本企業はこのメディア機器での開発に技術的な優位性を発揮し続けてきた。

図表1-2　プラットフォームの形態

プラットフォームの形態		代表的事例
ソフトウェア	プログラム システム データベース	Windows，Adobe iモード，楽天，iTunes 価格.com
メディア機器	メディア媒体 コンソール カード	iPod，カーナビゲーション iPad，ニンテンドーDS Suica，クレジットカード
製造・流通ネットワーク	生産システム 調達システム 流通システム	トヨタかんばん方式 グリーン調達ネットワーク バーコード，トレーサビリティ
商業・都市施設	取引市場 商業施設 都市複合施設	東京証券取引所 ショッピング・モール 六本木ヒルズ

（出所）筆者作成。

製造ネットワークのプラットフォームは，トヨタかんばん方式といった生産システムのプラットフォームから，部品・部材のグリーン調達システムまでのプラットフォームまで幅広く構築されている。
　さらに，プラットフォームとなっている商業・都市施設がある。東京証券取引所などの取引市場，ショッピング・モールなどの商業施設，六本木ヒルズのような都市複合施設などである[2]。

プラットフォームの多様性
　プラットフォームは機器や媒体ばかりでなく，取引市場や製造ネットワークなどもプラットフォームとして機能しているように，実に多様である。しかし，いずれも「自律した主体が自由につながり情報を共有しながら，そこから信頼の関係性を生み出し，社会的な価値を創造するネットワーク組織であり，そこへのアクセス・ポイントが明確に規定されたネットワーク体」と定義したようなプラットフォーム機能を有しているものばかりである。
　プラットフォームが多様であるからこそ，プラットフォーム戦略の切り口も多彩になる。後述するプラットフォーム・モデルは，このプラットフォームの多様性から組み立てられ，大きな特色を提示している。

⑵　プラットフォームの構造

ワンサイドからマルチサイドまでのプラットフォーム構造
　プラットフォームは，単機能のものから複合機能を有するものまで幅広い。例えば，日常生活で欠かせなくなっている Suica は，当初乗車券ICカードとして機能していたものが，電子マネー機能が搭載され，駅ナカから駅周辺のショッピングや飲食などでの小口決済のメディア媒体に変化してきている。すなわち，乗車券ICカードのワンサイド・プラットフォームから，電子マネー搭載のサイド（機能等）を拡張し，マルチサイド・プラットフォームへと進化してきている。
　ワンサイド・プラットフォームは，特定の機能・サービスをユーザーに提供するプラットフォームであり，取引系のプラットフォームでは単一の市場を形成することになる。マルチサイド・プラットフォームは，複数の機能・

サービスを提供するサイドから構成され，多様なサービスを提供している。通常，ユーザーのサイドと製品・サービスの供給サイドからなるツーサイド・プラットフォームが一般的に多い。このワンサイドからツーサイドへ，さらにマルチサイドへと拡張するなかで，新しい機能・サービスを付け加えるところに，ビジネスモデルの革新が起こり，新事業が生まれることになることから，後述するプラットフォーム拡張戦略が注目されることになる。

プラットフォーム事業者と多層的な補完事業者の関係性

　プラットフォームのプレイヤーは，プラットフォーム事業者とその補完事業者である。iモード・プラットフォームのケースでは，NTTドコモが事業者で，各種のコンテンツを配信するコンテンツプロバイダーが補完事業者である。いずれのプラットフォームでも，プラットフォーム事業者のみで成り立つのではなく，プラットフォームで提供する製品・サービスの販売，配送やアフターサービスなどを補完する事業者が存在する。

　このプラットフォーム事業者とその補完事業者との関係性がプラットフォーム上でいかに構築されるかは，プラットフォームの効率的な運営や市場競争を左右するところが大きく，関係性の規定が注目されるところである。

　次節で展開するように，プラットフォーム事業者とその補完事業者との関係性に着目したプラットフォーム・モデルを考察するところに本書の特色がある。

❹　イノベーション創発のプラットフォーム・モデル

(1)　3つのプラットフォーム・モデル

プラットフォーム・モデルの仮説構築

　プラットフォーム・モデルは，プラットフォームの事業主体に着目し，プラットフォーム事業者とその補完事業者によって，プラットフォームを構築し運営する枠組みからモデルが組み立てられる。プラットフォームをネット

ワークでつながったイノベーションを創発する容れものとするためには，多様な主体が関わることのできる枠組みを用意しなくてはならないからである。

　プラットフォーム事業者とその補完事業者との関係に着目した戦略枠組みに着目していきたい。iモード・プラットフォームでは，プラットフォーム事業者による新しいコンテンツ創造のプラットフォームとしての戦略枠組みに賛同して，多様なコンテンツプロバイダーや音源アーキテクチャーを提供する補完事業者が参画し，コンテンツ・イノベーションを生むプラットフォーム・モデルとなることを考察の主眼とする。

　プラットフォームのタイプは，プラットフォームに補完事業者が参画し動態的なダイナミックを生むモデル，プラットフォームを公開し事業創造するモデル，そして，複数の関係者と協働し共に関係性を築きながら機能的かつ効果的なプラットフォームを創造していく3つのモデルを考える。そのモデルは，「プラットフォーム編集モデル」「プラットフォーム公開モデル」「プラットフォーム協働モデル」の3つである。

プラットフォーム編集モデル

　プラットフォーム編集モデルは，iモード・プラットフォームのように，プラットフォーム事業者（NTTドコモや楽天など）が構築したプラットフォームに，コンテンツプロバイダーなどのプラットフォーム補完事業者が参画し，集まった優れた商材やコンテンツを編集するモデルである。そのプラットフォームにユーザーが多く集まることによるネットワーク効果を最大限発揮し，ユーザーに新しいライフスタイルを提案するなど，ダイナミックなイノベーションを創発するモデルである。

プラットフォーム公開モデル

　アップルのiPodやiPhoneにおけるプラットフォームの情報流通基盤となっているiTunesは，プラットフォーム事業者のアップルが，iTunesをインターネット上で無料公開している。プラットフォームのユーザーはそのiTunesを使って自分独自の音楽アルバムをつくることができる。この無料

図表1-3　プラットフォーム・モデルの構成例

プラットフォーム・モデル	プラットフォーム事業者	プラットフォーム補完事業者
プラットフォーム編集モデル	NTTドコモ（iモード）楽天（楽天市場）	コンテンツ・プロバイダー出店企業
プラットフォーム公開モデル	アップル（iTunes）	音楽，ビデオ，映画レンタルのプロバイダー
プラットフォーム協働モデル	森ビル（六本木ヒルズ）	ショップ，美術館，オフィスホテル

（出所）筆者作成。

で公開するという戦略は，先の國領（1999）のオープン・アーキテクチャ戦略やChesbrongh（2006）のオープン・イノベーションの枠組みを取り入れた戦略でもある。

　プラットフォーム公開モデルは，プラットフォーム事業者がプラットフォームを公開し，事業創造を図っていくモデルである。公開されるプラットフォームが利用者に価値創造をもたらすような魅力的なモデルでなければならないばかりでなく，競争力のある技術等で裏打ちされていなければ差別化を図ることができないモデルである。

プラットフォーム協働モデル
　プラットフォーム協働モデルは，プラットフォーム事業者のみでは事業創造が困難な領域で，プラットフォームに携わる関係者が協働してビジネスを構築していくプロセスを包含したモデルである。プラットフォームの構成員は，プラットフォーム事業者，プラットフォーム構築の補完事業者，それに，プラットフォームでの事業創造を支援・調整する補完事業者からなる。
　プラットフォームを協働して構築していくビジネスモデルは，事業化に時間がかかったり利害調整に手間暇がかかったり，容易に利益が生まれてこないなど，事業化が容易ではないことが想定される。

(2) プラットフォーム・モデルにおける競争分析

プラットフォーム・モデルにおける競争行動

　プラットフォーム・モデルは，イノベーションを創発する容れものであるとともに，新事業やベンチャーを起業・育成する孵卵器（インキュベーション）と育苗システムの役割を有すると考える。その役割を解明するためには，プラットフォーム・モデルに即した競争戦略を明らかにする必要がある。

　プラットフォーム編集モデルでは，プラットフォームへのインターフェースをオープンにすることで，「デバイスとアプリケーションの同期化」が可能となる。それによって，そのプラットフォームにいち早く参画し，競争優位なポジションを確立するような経営行動を優先する作用が働いてくる。資源ベースド・ビュー論の視点から，その競争優位性を維持するためには，模倣障壁を築き，専有可能性を確立することが求められる。とりわけ，先行者利益は持続しないというのが一般的だが，本書では，どのような条件であれば先行者利益が継続できるのか，いかなるプラットフォームの機能が働けば可能なのかを論考する。

　プラットフォーム公開モデルでは，プラットフォームを公開することで顧客価値を創造する事業モデルを仮説的に考える。プラットフォームの公開はともすれば模倣されやすい。模倣障壁の高いプラットフォームの条件は何かが問われることになる。プラットフォームを公開するビジネスモデルは，資金や技術など豊富な経営資源を投入すればある程度成り立つ可能性が高いが，もとより少ない経営資源をカバーするため業務提携やマーケティングの組織学習をどのように蓄積するかも問われてくる。それとともに，プラットフォーム公開モデルで競争優位性を持続する条件も明らかにする必要がある。

　プラットフォーム協働モデルは，編集モデルや公開モデルのようにプラットフォーム事業者がリーダーシップを発揮して主体的にプラットフォーム・ビジネスを切り開いていくモデルではなく，ビジネス創造のために関係者との調整を多く必要としているため，ネットワーク組織を形成してプラット

図表1-4　プラットフォーム・モデルと経営行動

プラットフォーム・モデル	経営行動
プラットフォーム編集モデル	プラットフォームにいち早く参画する補完事業者が先行者優位な事業創造を築くことを促すモデル
プラットフォーム公開モデル	販路構築などのためにプラットフォームを公開し競争優位な事業を創造するモデル
プラットフォーム協働モデル	ネットワーク組織を構築してプラットフォームを協働して事業化するモデル

（出所）筆者作成。

フォームそのものを協働して事業化するモデルである。このプラットフォーム協働モデルの最も大きな課題は事業化プロセスそのものにある。収益性が得られる事業化が容易ではないことが多いからである。協働による事業化のための競争条件，収益化プロセスをいかに確立するかが問われる。

プラットフォーム・モデルによるイノベーション創発の論理

　プラットフォーム・モデルそれぞれの経営行動と競争分析の仮説とともに，そこからイノベーションを創発する論理，すなわち，どのようなプラットフォームの構造においてイノベーションを創発しやすい環境が生まれてくるかを考えることも本書で追求していきたい論点である。

　プラットフォーム編集モデルにおいては，プラットフォーム事業者と補完事業者の関係は，下請け生産などの垂直的な強い結合関係ではなく，自由な発想で顧客価値の高いビジネスを創造していくためにも，両者の関係は密でない緩い関係性，「疎結合」（ルース・カップリング）がイノベーションを創発する環境条件となると仮説的に考える。疎結合とは，密着した関係ではなく，緩い結合の関係である。疎結合のビジネスモデルはどのようなものかを実証していく。

　プラットフォーム公開モデルのキーコンセプトは，「価値共創」である。プラットフォームをオープン化することで，利用者が価値を共に創造していくプラットフォーム・モデルである。プラットフォームを公開・オープンにすることは，どのようなビジネスシステムのもとで成り立つのか，イノベー

ション創発にどのような役割を果たすのかを考察する。

プラットフォーム協働モデルでは，協働の概念が中心になってくる。複数の関係者が集まって事業創造するプロセスにおいて用いられる論理である。この協働によるビジネス創造で必要とされる要素や関係者の役割，さらには新しい市場創造のメカニズムなどを考察する。

❺ プラットフォーム戦略と実証分析の枠組み

(1) 実証分析の枠組み

実証分析の目的

プラットフォームに関わる問題意識をもとに，本書では，プラットフォームによるイノベーション創発の有用性を論証していく。そのために，プラットフォームのモデル化を考えることで，それぞれのプラットフォームを展開しているビジネスの事例を実証分析し，そこから導かれる機能や効果を洗い出し，プラットフォーム・モデルにあったイノベーション創発の特性を分析し明らかにする。

すなわち，プラットフォーム・モデルを仮説的に考え，その実証分析することで，イノベーションを創発するビジネスシステムやビジネスの広がりを明らかにするとともに，イノベーション創発への政策的な設計指針となるような示唆を見出すことが目的である。

研究対象領域

プラットフォーム編集モデルでは，ユーザーの需要サイドと補完事業者が提供する製品・サービスの供給サイドからなるツーサイド・プラットフォームの構造を対象とする。プラットフォーム編集モデルは，iモード・プラットフォームを研究対象事例とする。コンテンツは音楽から動画，漫画キャラクターなど，日本のコンテンツが海外でも広く受け入れられているように，今後の成長が期待される分野でもある。当モデルは，楽天やアマゾンなど他のツーサイド・プラットフォームに共通した競争戦略にも言及する。

図表1-5　3つのプラットフォーム・モデルと実証分析の視点

プラットフォーム・モデル	実証分析の対象	分析の視点
プラットフォーム編集モデル	iモード・プラットフォーム	プラットフォームの競争優位性と先行者利益の継続的な獲得行動
プラットフォーム公開モデル	ものづくり分野のマーケティング・プラットフォーム	プラットフォームの公開行動の原理と収穫逓増の法則確立への経営行動
プラットフォーム協働モデル	社会の諸問題解決のための協働的なプラットフォーム	多面的な市場形成におけるプレーヤーの役割と情報の非対称性，非価格的調整の課題解決

(出所) 筆者作成。

　プラットフォーム公開モデルは，アップルのiTunesのようにプラットフォームをオープンにする経営戦略であり，情報サービス分野では比較的応用しやすい戦略である。その情報サービス分野も含め，サービス分野の高生産性を高めるために有効なサービスイノベーションを研究対象とする。
　プラットフォーム協働モデルは，ビジネス行動が企業価値追求ばかりでなく社会価値を多く取り入れる傾向が高まっているように，社会的な問題解決に有用なビジネス領域，とりわけ社会技術のイノベーションを研究対象とする。

(2) 実証分析におけるプラットフォーム戦略の論点

3つのプラットフォーム・モデルにおける戦略の構築

　プラットフォーム・モデルは，プラットフォーム事業者の経営行動を基準にしたモデルではなく，イノベーションが創発しやすい環境条件に着目したモデルである。プラットフォーム編集モデルは，プラットフォームの補完事業者が競って競争優位性のあるビジネス展開をするなかから，イノベーションを創発するメカニズムに着目する。その論点は，疎結合の関係性がビジネス創造に有効であり，そのもとで自発的な投資行動を誘発する環境がイノベーションを導き出すことにある。

プラットフォーム公開モデルは，プラットフォームを公開するビジネスモデルから事業創造の革新性が生まれる論点に焦点がある。しかし，一般的にその革新性を継続することは容易ではないことから，マーケットを広げるチャネル構築に戦略的な意義を考察することとする。プラットフォーム協働モデルでは，協働の関係性，社会的なネットワーク組織によって，特有の技術を軸としたプラットフォームを構築していく事業化のプロセスが注視されるところである。そのプロセスを牽引するのは，情報の非対称性を解消する信頼構築などの関係性である。そして，価格的な調整ではない，協働の概念に包含される非価格的調整にも大きな意義がある。

事業創造を導くプラットフォーム戦略

　プラットフォーム・モデルに応じた競争戦略ばかりでなく，プラットフォームそのものの大きな特徴であるネットワーク効果をいかに働かせるかが，プラットフォーム戦略の要諦になる。ネットワーク効果を働かすということは，ユーザーをいかに引き付けるか，ユーザーの顧客価値を高めていく事業創造がどのように呼び込まれるかということにある。また。それとともに，ユーザーと補完事業者が供給する製品・サービスとの相乗的なサイクル，さらには，補完事業者間の経営資源を補完し合う関係性（サイド間ネットワーク効果）が着目されるからである。ネットワーク効果がプラットフォーム戦略の中心概念となってくる。本書での実証分析では，このネットワーク効果を活用した競争戦略（ネットワーク効果増幅メカニズム）を分析するところに大きな論点がある。

注
1）本書では，プラットフォーム戦略を競争戦略の枠組みとしていることから，経営戦略の一環として論考する。
2）Hagiu（2007）ではプラットフォームの事例として六本木ヒルズを論証しているほか，ハーバード・ビジネス・スクールそのものまで事例分析している。

第2章

プラットフォームの設計ルールとネットワーク効果

❶ プラットフォームの設計ルール

(1) プラットフォームの設計ルール

プラットフォームの意義と設計ルール

　プラットフォームは，アクセス・ポイントとインターフェースが明確に規定され，ネットワークで連結されたソフトウェア，メディア媒体，さらには，市場・施設の形態から構成される。このようなプラットフォームに着目するのは，これからの産業システムは，従来のようなモジュール化された部分システムの接合や加工などの組み立てから構成されるというよりも，ハードとソフトが分離し，それぞれが独自に機能しながら総体として多面的な価値を発揚する傾向が高まると考えるからである。つまり，市場が多面的になり複雑さを増す産業システムへの移行が顕著になると想定できる。それは，産業システムばかりでなく社会生活システムでもプラットフォームを活用するようなトレンドが強まると考えるからである。

　消費生活にはクレジットカードが欠かせないが，1958年にバンク・オブ・アメリカがカリフォルニア州フレズノ市で6万枚のクレジットカードをドロップ[1]してから，約半世紀でクレジットカードは携帯電話にもiPhoneにも組み込まれて，社会生活システムに溶け込んできている。このメディア媒体・機器には，音楽プレイヤーやナビゲーション・システムまで一体化されている。デバイスとアプリケーションの同期化が進み，有用なアプリケーションを開発した企業が新たな成長機会を握ることになる。

　このようなプラットフォームは，経済学でいうN面市場[2]を形成すると

19

いう大きな革新性を投げかけている。プラットフォームは複数の面（サイド）で構成され，それぞれの面が市場機能となるとともに，面と面の間でも消費者余剰を高めるような市場作用が働いてくる。これをマルチサイド・プラットフォームとして，その機能と相互作用についての設計ルールを認識していかないと，これからの産業システム，社会生活システムの構図がみえてこないのではないだろうか。

　本章では，先行研究から，プラットフォームの機能や相互作用についての枠組みを概観することで，プラットフォームの設計ルールを論じていきたい。

マルチサイドの市場を形成するプラットフォーム

　プラットフォームのプレイヤーは，ハード機器やデバイスを投入してプラットフォーム事業を経営するプラットフォーム事業者とソフトウェアやアプリケーションを開発してプラットフォームのサイドを構成する補完事業者からなる。そして，複数のサイドをもとにマルチサイドのプラットフォームが形成される。

　このマルチサイドのプラットフォームで，プラットフォーム事業者はつぎのようなプラットフォームの機能を高めるように設計することに注力する。

①プラットフォームを構成するサイドのいずれが安定的で，いずれが変化に弱いかを常にウォッチし，サイドの入れ替えや優良サイドを認定する

②マッチング機会を増やして検索コストを引き下げ，ユーザーの利便性を高め，プラットフォームに集まりやすい環境をつくる

③取引や決済などで共通にかかる無駄なコストを省き，プラットフォームを使いやすくする

④既存のサイドが持っている機能を明らかにし，そのサイドの品質を保証するような機能を補完する

⑤既存のサイドと親和性のある（強い間接的なネットワーク効果を生むような）新しいサイドを識別する

　これらの機能は，後述するネットワーク効果を活かし増幅する戦略である。

一方，補完事業者の役割は，プラットフォームが他のプラットフォームよりも優位性を継続していけるような競争力を培うために自発的な投資行動をする。他のプラットフォームからの攻撃（包囲）への対抗のためにも差別化された商品・サービスを提供することを優先する。

(2) プラットフォームへのアクセス増勢メカニズム

チキン・アンド・エッグ問題

　プラットフォームにどのくらいのユーザーを集めることができるかがプラットフォームの価値となってくる。プラットフォームへのユーザーのアクセスが先か，価値の高いプラットフォームを構築するのが先かが問われる。鶏が先か卵が先かのチキン・アンド・エッグ問題である。ユーザーは価値の少ないプラットフォームを選択しようとしないし，多くのユーザーが選択しないために，プラットフォームの価値は小さいままになってしまうことを意味する。

　しかし，通常，プラットフォーム事業者は，プラットフォームの初期採用者に安く供給することでユーザーが集まりやすい仕組みにして（ネットワーク効果を内部化し）フリーライダー問題を避ける傾向にある。いずれにしても，プラットフォームへのアクセス増勢メカニズムをいかに働かせるかが問われてくる。

代表的なサイドの推奨とアクセス増勢メカニズム

　アクセスを増勢するためには，看板となるサイドのブランド価値を活用するのが常套手段である。看板となるサイドを推奨することでユーザーを集めやすいからである。このメカニズムを活用することで1つのプラットフォームにユーザーを集中させる方法がある。

　プラットフォームのユーザーには，ホーミング・コストがかかる。プラットフォームの導入から運用まで，さらには別のプラットフォームを選択し移動する機会コストを含めて，ユーザーがプラットフォームを使い続ける総コストである。プラットフォームを複数使うマルチホーミングであれば，そのアプリケーションもその分多く使うから，マルチホーミング・コストが高い

ユーザーに，ブランド価値のある看板サイドを推奨すれば，ユーザーは１つのプラットフォームに集中しやすい（正のネットワーク効果が強く働く）。ゲーム機器とそのアプリケーション・ソフトの関係を考えれば，マルチホーミング・コストが高ければ，ユーザーは代表的な誰でもが使っているアプリケーション・ソフトを売り物にしている特定のプラットフォームに集中しがちである。

(3) ワンサイドからマルチサイドまでのプラットフォームの設計

プラットフォームの構造

　プラットフォームは，そのサイド構成を，ワンサイド，ツーサイド，さらには，マルチサイドと，サイド構成を組み替えた事業システムを構築することができる。典型的なのが，スイスのアーミーナイフのような多目的な用途に対応可能な事業システムを組み立てるのか，単一のサービス機能に特化した事業システムを選択するかである。

　ワンサイド・プラットフォームの構造は，プラットフォーム事業者が自らの商品・サービスを多くのユーザーに提供するものである。1:nの構造である。この商品・サービスの提供が独占的であれば，プラットフォームは強大な競争力を有することになる。

　マルチサイドの構造では，サイドとサイドの間での競合が生じるとともに，サイド間に適切な相乗的な効果も生まれやすい。一方のサイドにユーザーが集まれば他方のサイドにも影響を与えるからである（サイド間の間接的なネットワーク効果）。この作用を活かした戦略をいかに講じるかが問われてくる。

ワンサイドからマルチサイドへの拡張設計

　また，ワンサイドからツーサイド，あるいはマルチサイドへと，プラットフォームの拡張戦略も課題となってくる。プラットフォーム事業者は，ワンサイドのプラットフォームよりも，マルチサイドのプラットフォームの方が顧客価値の高いサービスが提供できるのであれば，プラットフォームを拡張することを選択するからである。

例えば，価格.com の成長プロセスをみたとき，その選択が決定的な成長要因となっている。価格.com は当初，秋葉原の電気街の店舗での製品価格を自ら調べて，それをユーザーに提示するワンサイドのプラットフォームとしてスタートしたが，その対象商品が拡大するにつれ増加する調査コストと時間に対応しきれなくなって，電気店が価格情報を直接入力できるようなシステムにし，電気店もユーザーとするツーサイドのプラットフォームとすることにより，飛躍的な成長が可能となった。

このプラットフォーム拡張戦略も，プラットフォーム戦略の一環となってくる。その条件を探ることも重要な課題である。

❷ プラットフォームのネットワーク効果

(1) プラットフォーム特有のネットワーク効果

需要における規模の経済性

さて，これまでプラットフォームにユーザーが集まればより一層大きいユーザー価値（消費者余剰）が提供できることで，さらにユーザーが集まりやすくなることを解説してきた。これらはプラットフォームのネットワーク効果である。

このネットワーク効果は，ユーザーが集まれば集まるほどプラットフォームから得られる消費者余剰が得られるものであり，従来情報経済学で論じられてきたネットワーク外部性と同義である。しかし，補完事業者が用意するサイドが増えることで最終ユーザーが受ける便益も高まるばかりでなく，補完事業者間の連携による新たに生まれる便益なども含むなど，N 面市場のもとでの効果はネットワーク外部性の論議を超えたもので，プラットフォーム特有のネットワーク効果となっている。

ユーザーが集まれば集まるほどプラットフォームの価値が高まるということは，プラットフォームが提供する製品やサービスについての需要における規模の経済性から導かれるものである。ユーザーは他の条件が同じであれば多くのユーザーがすでに集まっているプラットフォームに集まりたがる。需

要における規模の経済性がプラットフォームのネットワーク効果を働かせる有効な基礎条件となっている。

プラットフォーム特有のネットワーク効果

プラットフォームの特質は，Parker et al.（2005）によれば，ネットワーク効果，価格差別化，製品差別化が有効に働くというものである。このネットワーク効果は，複数のユーザー・グループに対してサイド内とサイド間の2種類があり，サイド内ネットワーク効果はユーザー数が増えれば増えるほど，そのユーザー・グループが大きくなりやすい現象である。サイド間ネットワーク効果は，一方のユーザーの数がクリティカル・マス（閾値）を超えれば，もう一方のユーザーは高い対価を払ってもそのプラットフォームを利用するというものである。

サイド内ネットワーク効果とサイド間ネットワーク効果をいかに増幅させるかが，プラットフォーム戦略の真髄である。ネットワーク効果増幅メカニズムとは，最終ユーザーに働きかけていく戦略と補完事業によるサイド間での連携の（正の）効果を生む戦略を組み合わせながら誘導することである。そのネットワーク効果増幅メカニズムに，競争戦略の新しい地平線を描くことができる。

(2) サイド内とサイド間のネットワーク効果

サイド内ネットワーク効果を高めるプラットフォームの標準化

サイド内ネットワーク効果は，ユーザー数が増えれば増えるほどユーザー・グループが大きくなりやすくなり，プラットフォームの価値が高まる現象である。このサイド内ネットワーク効果を高めるためにはどのような競争戦略が考えられるだろうか。

ユーザーが増えるということは，誰もがプラットフォームを利用することができ，同等の便益を誰もが得られることでもある。そのためには，プラットフォームが標準化され，スタンダードになる必要がある。デファクト・スタンダードになればさらに独占的な経営行動が支配する状況になるからである[3]。ネットワーク効果が働く市場では，ユーザーによる取引が増えれば増え

るほど利益は乗数的に増えるという収穫逓増の法則が見越せることとなる。

　プラットフォームの標準化とは，プラットフォームに流れる情報の流通性を拡大することでもある。このため，プラットフォームをオープンにするように行動することも多い。インターフェースやプラットフォームそのものを公開する戦略である。競争優位性の高いプラットフォームであれば，強い模倣障壁ともなるからでもある。

経営資源を補完する経営行動を伴うサイド間の間接的な効果

　さらに，サイド間ネットワーク効果は，一方のサイドのユーザーが増加すると，他方のユーザー・グループにとってプラットフォームの価値が高まる現象で，一方のユーザー数がクリティカル・マスを超えると，他方のユーザーは高い対価を支払っても，そのプラットフォームを利用しようとすることである。

　このサイド間ネットワーク効果を増加させる戦略は，先に述べたネットワーク効果増幅メカニズムであるが，その機会を高めるためにもマーケティング戦略を駆使することが必要となってくる。プラットフォームの補完事業者は，自らがプラットフォーム事業者としてワンサイドのプラットフォームを構築するだけの経営資源に乏しいから，有力なプラットフォームに相乗りして，経営資源を補完するマーケティング行動を選好する。

　その代表的な行動が，マーケティング・チャネルの幅を拡げるような有力なサイドとの連携である。多様なマーケティング・チャネルがサイド間で構築できれば，プラットフォームの価値はより高まる。また，品質志向のユーザーを優遇することで，より多くのユーザーを口コミなどで囲い込むこともできる。それとともに，看板サイドのブランド価値を活用することもサイド間で採られる行動である。

❸ iモードをケースとしたネットワーク効果の試算

(1) ネットワーク効果の推計モデル

ツーサイド・プラットフォームのネットワーク効果モデル

ツーサイド・プラットフォームにおけるネットワーク効果のモデルは次のように考える。

cサイドとjサイドからなるツーサイド・プラットフォームでは，正の間接的なネットワーク効果が働くメカニズムを有効に活用することが求められている。

cサイドにおける供給量q_cは，自らの需要曲線から求められるものとjサイドの需要曲線との相互作用から求められる間接的な需要が輻輳して生じてくる。jサイドにおける供給量q_jも同様である。これらの関係は次式で表すことができる。

$$q_c = D_c(p_c) + e_{jc}D_j(p_j)$$
$$q_j = D_j(p_j) + e_{cj}D_c(p_c)$$

ここで，eは偏微分係数(∂_q/∂_p)で，$e_{jc}D_j(p_j)$で間接的なネットワーク効果

図表2-1　ツーサイドのプラットフォームのネットワーク効果

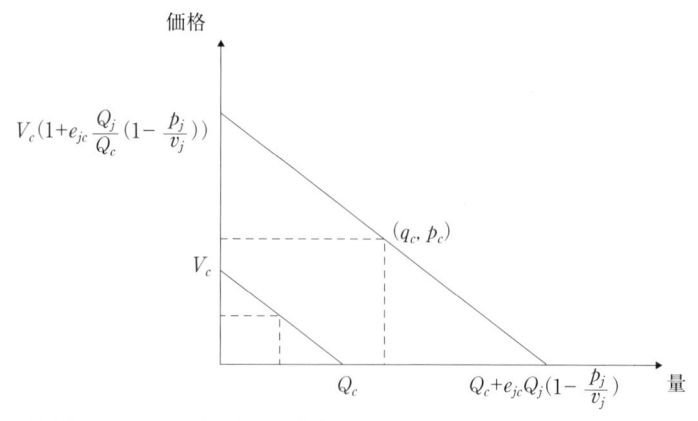

縦軸：価格，横軸：量

$V_c(1+e_{jc}\dfrac{Q_j}{Q_c}(1-\dfrac{p_j}{v_j}))$

V_c

(q_c, p_c)

Q_c

$Q_c+e_{jc}Q_j(1-\dfrac{p_j}{v_j})$

(出所) Parker et al. (2005) から作成。

を意味している。ツーサイド・プラットフォームの全体最適のためには，2つのサイドの総便益 π について，

$$\pi = p_c q_c + p_j q_j$$

を最大化するマネジメントを模索することになる。

ここで単純化して，需要曲線が線形と仮定すると，次式のようになり，図表 2-1 で示すことができる。

$$D_c(p_c) = Q_c(1-p_c/V_c)$$
$$D_j(p_j) = Q_j(1-p_j/V_j)$$

c サイドにおける直接的な効果は $Q_c V_c$ とサイド内から生まれる。一方，c サイドにおける j サイドからの間接的なネットワーク効果は，$e_{cj} Q_c V_j$ となる。逆の j サイドの効果は同様に，$Q_j V_j$ と $e_{jc} Q_j V_c$ である。

ネットワーク効果推計の方法

i モード・プラットフォームに当てはめてネットワーク効果を推計する方法を考えてみよう。このツーサイドのプラットフォームは，ユーザー・グループ U と（コンテンツ・サイトを開設する）補完事業者のグループ S からなる。その需要規模は次式である。

$$q_u = D_u(p_u) + e_{su} D_s(p_s)$$
$$q_s = D_s(p_s) + e_{us} D_u(p_u)$$

ここで，$D_u(p_u)$ および $D_s(p_s)$ は自己のサイドから引き起こされる。$e_{su} D_s(p_s)$ および $e_{us} D_u(p_u)$ がサイド間からの影響のもとで引き起こされる需要分である。これに価格 p_u を乗じて消費者余剰がもたらされる。

ユーザー・グループ U と補完事業者のグループ S について，それぞれの需要規模は次のようにベクトル自己回帰モデル[4]を適用することとする[5]。

$$U(t) = U(t-1) + e_{su} S(t-1)$$
$$S(t) = S(t-1) + e_{us} D(t-1)$$

ここで $U(t)$ については，$U(t-1)$ と前期の需要から引き起こされるものと考える。ユーザーの需要が高まれば次々にユーザー需要が高まる構造である。$e_{su} S(t-1)$ は，他のサイドから間接的に派生してくる需要である。サイド間が相互作用して生まれてくるネットワーク効果をもたらす需要分である。

図表2-2 iモード契約数とコンテンツ・サイト数の推移

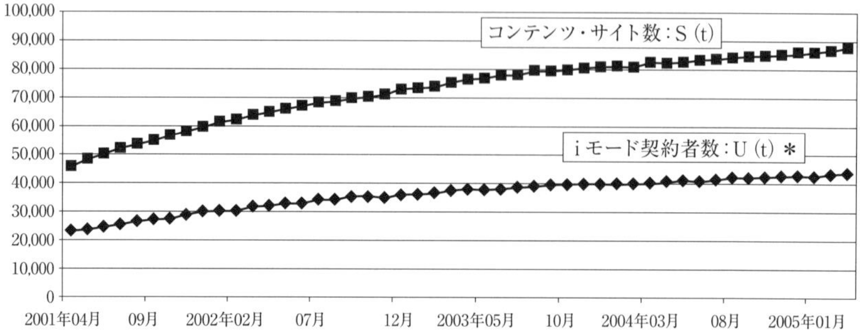

(注) *1,000契約。
(出所) NTTドコモのHPから筆者作成。

　本書では，このサイド間ネットワーク効果を呼ぶ需要をいかに高めていくか，e_{su}がプラットフォームでどのようなメカニズムのもとで生じるか，そのメカニズムを解明することに大きな視点をあてている。「サイド間ネットワーク効果増進メカニズム」である。

(2) iモード・プラットフォームのネットワーク効果

iモード契約者数とサイト数の相乗的な伸び

　iモード開始以降のiモード契約数と総サイト数[6]の月次変化をみると，iモードの普及が着実に進展していることが観察できる。図表2-2では[7]，iモード契約数はなだらかに伸びているのに対して総サイト数はそれを上回って増勢している。

　iモード・プラットフォーム上のコンテンツが多ければ多いほど，ユーザーからみてプラットフォームの価値は上昇し，普及率が高まる構造のネットワーク効果がどのように働いているかをこれらの趨勢から推計する。コンテンツの拡大とiモード契約数の上昇は，相互に作用し合っているからである。

iモードのネットワーク効果の推計

　上記の48カ月の観測データをもとに，次式の推計を試みた[8]。

$$U(t) = a_1 + b_1 U(t-1) + c_1 S(t-1) \cdots (1)$$
$$S(t) = a_2 + b_2 S(t-1) + c_2 U(t-1) \cdots (2)$$

ここでc_1，c_2が係数としてどのようになるかが間接的なネットワーク効果をもたらす係数である。まず（1）式の$U(t)$については次式のように有意な結果が得られた。

$$U(t) = 2059.2 + 0.920 U(t-1) + 0.019 S(t-1)$$
$$(14.89) \quad (62.12) \quad\quad (2.78)$$

$R^2 = .999$ 　　F値$= 42370.82$

係数も5％水準で有意である。これによると，前期の契約者数に大きく左右しユーザーがユーザーを呼ぶ構造とともに，コンテンツ・サイト数が，1サイト増加すると19人の契約者数を増加させることが観察できた。

しかしながら，(2)式では係数における有意性が得られる結果にはならなかった。サイド間のネットワーク効果が働いていない結果となっている。そこで，次のような統計的に有意な次式が得られた。

$$S(t) = -8169.6 + 2.12 U(t-1)$$

$R^2 = .944$ 　　F値$= 781.21$

すなわち，サイト数は前期の契約者数の伸びに作用され，契約者数が1,000人増加することで2つのサイトが今期増加したと観察される。

ツーサイド・プラットフォームのモデル構造の意味

これらの推計から読みとれるネットワーク効果の意味は，ツーサイドの経営行動にも敷衍することができる。

プラットフォーム事業者は，自らユーザーを獲得する行動で周辺のユーザーがプラットフォームを採用すればするほどユーザーが増える効果をもとに，他のサイドの魅力的なコンテンツ・サイトを誘導することでサイド間のネットワーク効果を高めるように行動する。すなわち，自らの契約者数を伸ばすために，有力なコンテンツを推奨するなどプラットフォームを編集する戦略である。

一方，補完事業者のコンテンツ・プロバイダーは，前期のiモード・ユーザーの増勢を観察し，そこでの需要における規模の経済性に着目しスピード

のある行動をする。ｉモードの契約者数が巨大化するのを目の前にし規模の大きさに反応し，他の補完事業者の行動に左右されることなく，いち早くプラットフォームに参画し先行者メリットを獲得する行動である。

　このようなネットワーク効果を活用した競争戦略がプラットフォーム戦略である。

❹　ネットワーク効果を増幅するプラットフォーム機能

⑴　情報探索コスト縮減と無駄な共通コスト削減のプラットフォーム機能

ユーザーの利便性の高い集客的なプラットフォーム機能

　プラットフォームのネットワーク効果は，需要における規模の経済性にもとづいてユーザーを数多く集めることによって引き起こされる効果である。そのユーザーが集まる集客性を発揮するプラットフォーム機能は，ユーザーの便益を高める利便性のあるものでなくてはならない。

　そのプラットフォームがもつ機能は 2 つある。情報検索コストを縮減するような機能と，プラットフォームを使って取引するときのようにユーザーと補完事業者ともに共通してかかる無駄なコストを削減する機能である。

マッチング機能など情報探索コストの縮減

　利用者が多いプラットフォームでは，その価値を高めるため補完事業者が持ち込む商材やコンテンツが膨大になることから，ユーザーが目的とする商材やコンテンツを探し出す時間とコストが余分にかかってくる。この情報検索コストの縮減のために，多くのプラットフォームではマッチング機能を用意することで，ユーザーの利便性を高める行動を選択している。

　そのマッチング機能は，情報検索システムであったり，リコメンデーション・システムであったり，ｉモードのような公式サイトの認定であったりする。ユーザーはマッチング機能を有した利便性の高いプラットフォームを選択する傾向が強い。

共通にかかる無駄なコストの削減

　マッチング機能とともに，プラットフォームにおいて共通してかかってくるコストにも重複する無駄なコストがある。同じプラットフォームのサイドそれぞれにログインしていくときのパスワードが異なっていたら，ユーザーはすぐにもプラットフォーム離れを起こすだろう。プラットフォーム事業者がインターフェースを公開するのも，補完事業者との調整に余計な無駄なコストを削減するためである。

　このような共通にかかる無駄なコストを削減することが，プラットフォーム事業者の役割であり機能でもある。

(2) 情報の非対称性を解消するプラットフォーム機能

品質保証などによる情報の非対称性の解消

　プラットフォームのユーザーと補完事業者あるいは補完事業者の提供する商品・サービスとの間には，はじめから信頼関係は成り立ってないから，iモードのように公式サイトを認定し一般サイトと区別しているように，本来的に情報の非対称性がある。この情報の非対称性を解消する機能もプラットフォームには必要である。

　このために，プラットフォーム事業者による品質保証などはもとより認証・評価機能も用意することになる。任天堂は望ましくないゲームを追放するために品質シールを開発したこともある。また，オークションのプラットフォームで参加する売り手をレーティングするのもユーザーが参加した認証システムである。

プラットフォームのガバナンス

　ユーザーにとって利用しやすいプラットフォームにはガバナンス機能も必要である。メンバー間の相互利用のためのルールが確立されないと，ユーザーも集まってこないからである。また，それはマルチサイド・プラットフォームのすべてのサイドに適切な参加者を誘引することにもなるので，場合によってはプラットフォーム事業者が介在した非価格的調整を行うこともありうる。

❺ 新市場を創造するプラットフォーム拡張戦略

(1) 新しいサイドを追加するプラットフォーム拡張戦略

技術進歩が速い市場でのライフサイクル管理

　プラットフォームがネットワーク効果を持続させるためには，プラットフォームが新鮮であることも条件である。そうでないとユーザーは飽きてきて別のプラットフォームに乗り換えるからである。

　とりわけ，技術進歩が速い市場では，技術やコンテンツのライフサイクル管理が否応なく必要である。ユーザーは常にプラットフォームが新陳代謝しているかを見ているから，ライフサイクル管理が行き届いていないとプラットフォーム離れに陥りがちである。

相互補完的な親和性のあるサイドの拡張

　その新陳代謝が行き届いたプラットフォームにするためには，新しいサイドを付け加えることも選択肢に入る。サイド間ネットワーク効果をさらに刺激するプラットフォーム拡張戦略を展開することで成長を加速することができるからである。

　JR東日本は，電子マネー機能が付いたSuicaを投入し，ICカード乗車券のサイドに駅ナカから駅周辺でも使えるショッピング機能のサイドを付け加えることで，マルチサイド・プラットフォーム化の戦略を展開している。

　セブン-イレブンは，コンビニエンス・ストアのサイドに，公共料金支払い代行サイドや宅急便取り扱いサイドを付加してきたが，さらに，銀行ATMのサイドを追加して，集客性を強めている。

　このようなプラットフォーム拡張戦略は，サイド間のネットワーク効果を高めるためのものであり，サイドとサイドの間で相互補完的な機能を共有することが有効な戦略である。また親和性のあるサイドでないと，負のネットワーク効果に陥るリスクも生じてくる。

⑵ バンドル化とプラットフォーム包囲戦略

消費者余剰を高めるバンドル化

さらに，プラットフォームの拡張には，垂直的な拡張と水平的な拡張がある。垂直的な拡張は既存のサイドにある基本的な機能をより高めていくもので，水平的な拡張は新しい機能を付加していく拡張である。この後者の水平的な拡張戦略にバンドル化がある。

バンドル化は，自らのサイドだけでは強いネットワーク効果が働かないとき，集客に劣るサイドが優れたサイドに相乗りして束となってネットワーク効果を享受する方法である。別のサイドからの攻撃にも使える方法でもある。そのネットワーク効果は消費者余剰を高める方法でもあり，次のような方法が知られる。

①価格差別化
②抱き合わせ販売（セット販売）
③顧客の解約率の削減
④品質の改善
⑤ネットワーク効果の探索

ここで，価格差別化はユーザーに価格的な利得を与えるような価格設定であり，抱き合わせ販売はセットにして販売するものである。ただし独占禁止法に抵触することもあるから要注意である。顧客の解約率の削減とは，CATVのように，地上デジタル放送，BS放送，インターネット接続などのサイドがバンドルしていると解約しにくくなり，解約率の減少に歯止めがかかることを意味する。

このプラットフォーム拡張戦略におけるバンドル化は，多様な形態があり，競争戦略として多く活用されている。

隣接する市場への参入戦略

プラットフォーム拡張戦略は，隣接する有望なプラットフォームにある優れた機能やユーザー資産に近似した機能を用意して，そのプラットフォームを包囲してしまう戦略である。先発のプラットフォームが後発のプラット

フォームを包囲することにも利用される。先発のプラットフォームは強いネットワーク効果と高いスイッチング・コスト（別のプラットフォームに移る機会コスト）が参入障壁になっているからである。このプラットフォーム包囲戦略は，先発のプラットフォームのサイド間ネットワーク効果を抑え込むことに有効である。

　逆に，後発のプラットフォームが先発のプラットフォームを包囲することもある。例えば，ｉモード対応携帯電話とiPhoneとのプラットフォーム間競争となると，サイド間ネットワーク効果の様相が異なってくる。ｉモードにおけるサイド数とiPhoneが提供するサイド数に大きく差があり，そのサイド間を使って楽しむ行為そのものの幅が違ってくるからである。

　また，類似のプラットフォームであれば，隣接するプラットフォームのサイド間ネットワーク効果に相乗りするプラットフォーム架橋戦略もある。とりわけ，後発のプラットフォームが先発のプラットフォームのサイドにある機能を借りて，経営資源を補完するとき架橋戦略は有効である。

(3) 新市場創造へのネットワーク効果増幅メカニズム

デバイスとアプリケーションの同期化が進む商品・サービス

　このようなプラットフォーム拡張戦略は，新しいサイドを付け加えることによって，新市場を創造することができる。その新市場はサイド間ネットワーク効果が強く働いて生まれる市場でもある。

　本章の最初に，プラットフォームに着目する意義として，これからの産業システムは，ハードとソフトが分離し，それぞれが独自の機能をもちながら総体として多面的な価値を発揚する傾向が高まることを指摘してきた。そのハードとソフトの分離，デバイスとアプリケーションの同期化のもとでは，それぞれにサイド間ネットワーク効果が強く働き，境界のない融合製品・サービスが生まれやすくなるからである。現在とりわけiPhoneが注目されるのは，モバイルフォン，ビデオゲームプレイヤー，PC，メディアプレーヤー，ナビゲーション・システム，クレジットカードがバンドル化し，それぞれのサイドで間接的なネットワーク効果が働き，サイドが融合し，境界のない商品として機能しているからに他ならない。

このようなデバイスとアプリケーションの同期化が今後いろいろな産業分野で急速に進むと考えられる。そこでの競争戦略の根幹にプラットフォーム戦略が重要性を増してくる。

新市場創造へのネットワーク効果増幅メカニズム

　プラットフォームによる新市場創造においては，ネットワーク効果増幅メカニズムを活用することである。ネットワーク効果増幅メカニズムは，ネットワーク効果そのものをより増幅させるメカニズムで，プラットフォーム特有のものである。ネットワーク効果増幅の構造は，サイドとサイドの間に強く働くことにある。サイド間ネットワーク効果増進メカニズムは，サイドとサイドの間で間接的に生じ，サイドからサイドに電波が振幅，共振するように作用して，より増幅したネットワーク効果が得られることである。このサイド間で働くネットワーク効果増幅メカニズムは，間接的な効果ではあるが，異なるサイド（市場）の共振によって新しい市場や産業を創り出すところに最大の魅力がある。異なる市場が輻輳して新しい価値創造が生まれるからである。

　プラットフォームのサイド間ネットワーク効果が働くネットワーク効果増幅メカニズムをもとに，新市場を創造する動きはますます加速していくだろう。とりわけ，デジタル化が進む産業システム，社会生活システムにおいて，新しい市場が形成され，そこでのイノベーションが創発してくるからである。

　そのイノベーションの源泉は，ネットワーク効果である。その意味で，新市場の創造のためには，デジタル化のもとでコンバージェンスが生じるようなプラットフォームの設計が必要で，そこでの戦略はネットワーク効果増幅メカニズムを活用したネットワーク戦略が有用となってくる。これらは第7章で検証することとする。

注
1）Nocera（1994）によると，クレジット業界ではたくさんの人にカードを郵送することを意味するという。
2）マルチサイド・プラットフォームを指す。

3) 新宅・許斐・柴田編 (2000)。
4) 田中 (2005) はiモードについてネットワーク外部性の推計でベクトル自己回帰を試みている。また，新宅・田中・柳川編 (2003) でもベクトル自己回帰モデルをゲーム産業の分析に応用している。
5) ベクトル自己回帰モデルでのアプローチだけでなく，派生効果を推計するためにはヘドニック価格モデルがある。しかし価格から推計するにはデータの制約があるため本章ではベクトル自己回帰モデルを適用することとした。
6) 公式サイトは認定されたもので政策的であるので，一般サイトと公式サイトを加えた総サイト数を分析対象とした。
7) 観察時期は一般サイト数がNTTドコモのホームページで公表されている2001年度から2004年度までの48カ月を対象とした。この期間はもっともiモードが顕著に普及した時期でもある。
8) 推計式では，2～6カ月のタイムラグも取り入れて推計したが有意な結果が得られなかった。それだけiモード・イノベーションのスピードが速かったことになる。

第3章

プラットフォーム編集モデルとイノベーション行動

❶ プラットフォーム編集モデルと疎結合の経営行動

(1) プラットフォーム編集モデルの構造

プラットフォーム編集モデルの構造

　iモード・プラットフォームは，プラットフォーム事業者（携帯電話キャリア）が補完事業者（コンテンツ・プロバイダー）へ公式サイトの認定と料金収納代行を行うビジネスモデルから成り立っている。コンテンツ・プロバイダーが音楽・エンターテイメントやショッピングなどのコンテンツを品揃えし，携帯電話キャリアを通じてコンテンツ配信を行い，ユーザーがコンテンツをダウンロードして利用するモデルである。プラットフォーム事業者が編集・運営するプラットフォームで，一方のサイドの補完事業者の製品・サービスを他方のサイドのユーザーに販売することから，ツーサイド・プラットフォームとなっている。

　このコンテンツ配信の設計思想であるアーキテクチャーは，音楽フォーマットなどによるコンテンツ配信技術から形成されている。音楽フォーマットは，楽曲の演奏情報や音声，演奏者の画像等を含んだ音楽データを構成する形式である。この音楽フォーマットは，携帯電話のみならず，パソコンやPDFなどにも組み込まれている。iモードをはじめとする携帯電話のインターネット接続サービスを介して，ユーザーが着信メロディなどの音楽コンテンツサービスを受けられるようにするには，音楽データのファイルフォーマット（ファイル形式）を統一する必要があったからである。この音楽フォーマットがあって初めて，iモードがプラットフォームとして，コンテ

図表3-1　プラットフォーム編集モデルの構造

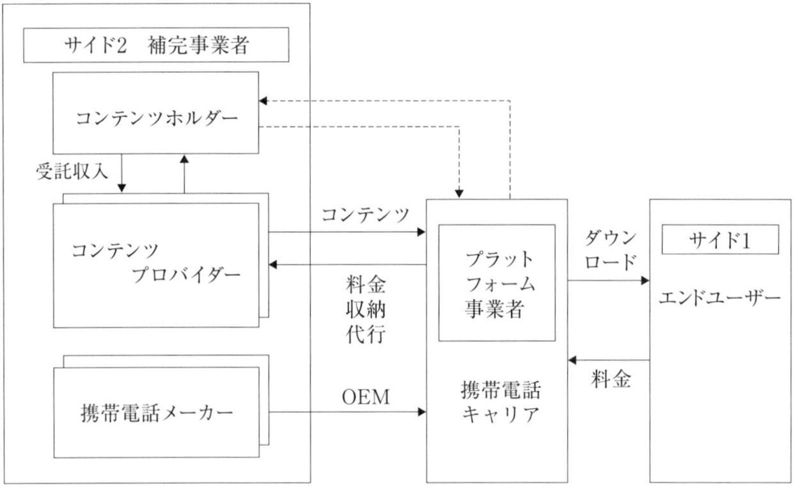

(出所) 筆者作成。

ンツ配信の基本構造を確立することができた。

ツーサイドのプラットフォーム編集モデル

　プラットフォーム編集モデルは，プラットフォーム事業者がプラットフォームを構築するという情報公開をもとに，補完事業者がビジネス創造を目指して参画してくることを促し編集するモデルである。補完事業者が自ら生産・調達した製品・サービスをユーザーに提供することのできるプラットフォームである。そのプラットフォームには，販売や決済などの取引系，物流などの情報照会系，物品のオークション，さらには，コミュニティ系のプラットフォームなどもある。

　プラットフォーム編集モデルの特質は，プラットフォームの公正秩序の行き届いたガバナンスを確立するために，補完事業者のサービスを公式に認定することで，アクセスを誘導するところにある。そして，どのような競争環境を用意するか，補完事業者の独自な行動をどこまで認めるかなど，プラットフォーム編集の設計方針が明確でなくてはならない。

　その条件には次のようなものがある。

①補完事業者の参画資格を規定するのかオープンにするのか
②プラットフォームの効率的運用を図るため補完事業者の間での競争を高める
③補完事業者によるユーザーの囲い込みなど独自な行動をどの程度認めるか
④ツーサイド間のネットワーク効果をいかに引き出し活用するか
⑤プラットフォームが繁栄するような新陳代謝をいかに呼び込むか

(2) ツーサイド・プラットフォームにおける疎結合の経営行動

疎結合論

プラットフォーム上でのプラットフォーム事業者と補完事業者の関係，さらに，補完事業者の行動を分析するためにも，疎結合の概念をみてみよう。

疎結合とは，緩やかに連結されているシステム（loosely coupled）で，バラバラな価値観をもった個人や独自の文化からなるサブシステムが利己的共生のような関係で結びついているものである。疎結合は「連結されている諸事象は反応的であるが，しかしまた，その各々がそれ自体の独自性と物理的論理的分離性とを保持している」と定義され[1]，「2つのシステムが共通変数をほとんどもたないか，あるいはその共通変数が当該システムに影響を及ぼす他の諸変数に比べて弱いとき，それらは互いに独立している」ことを意味する。

これを，AからBへの影響でみていくと，

ア．ある閾値を越えると「突然」（逆は連続的に生起）
イ．「不定期に」（逆は定期的，一定的）
ウ．「無視できる程度に」（逆は極めて重要な）
エ．「間接的に」（逆は直接的）
オ．「結果的に」（逆は直ちに）

という性質をもっている。

このため，

①組織が反応しなければならない蓋然性の抑制
②敏感な感応機構の提供

③局部化された適応
　④多くの変革と斬新な解決策とを保持
　⑤障害の局部化に優れたシステム
　⑥行為者による自己決定の余地が大きい
　⑦費用が安価

という特性があるものである。疎結合の逆は，密結合（tight coupling）であり，学習内容に忠実，クローズドな組織，所与の環境下でキャッチアップし順応を前提とした行動，組織が凝集性で優れるというものである。それは，官僚制組織に準じており，訓練された能力，専門化，標準化を特色とする。

　Weick（1976）によると，AからBへ，「ある閾値を越えると，突然，不定期に，無視できる程度に，間接的に，結果的に，」影響してくる性質は，疎結合（ルース・カップリング）の性質からなるという。疎結合に対比される密結合（タイト・カップリング）は，組織構造が人間行動を規定し集権的で連続的・定常的な性質をもち，垂直的な分業構造で管理的な意思決定が行われることで，安定的な結合関係を示すという。疎結合は，バラバラな価値観をもった個人や独自の文化をもったサブシステムが利己的共生のような関係で結合する組織体を指し示すものである。これは，「疎結合の関係性」というものである。組織構造では，分社的な組織が水平的な組織ネットワークのもとで，緩やかな関係をもって結びついている。

　疎結合の性質を組織論やイノベーションに関連した先行研究がある。田中

図表3-2　疎結合と密結合の性質

	疎結合	密結合
基本構成	人間行動が組織を形成 柔軟性	組織構造が人間行動を規定 安定性
性質	高分化・低統合 間欠的・不定期・間接的	集権的・合理的 連続的・定常的・直接的
組織構造	柔軟な組織形態	職能制の組織形態
分業形態	水平分業	垂直分業
意思決定	戦略的意思決定	管理的意思決定

（出所）田中（1981）をもとに作成。

(1990)は，一連のルース・カップリング論の研究の中から，技術革新の構造に論究している。すなわち，革新すべき目的それ自体を創造していく技術革新について論考し，革新すべき目的は経験による，あるいは使用による学習を通じて生み出されるのであって当初から与えられるものではないというところから，①問題，②解，③参加者，④選択機会がルースに連結されるという，イノベーションの構造にルース・カップリングの一連の流れがあるとしている。その応用として，ポストイットの開発を有名なゴミ箱モデルで説明している。技術革新の構造は，「目的」が規定する選択はなく，複雑なモザイクのようなものであり，そのモザイクのなかから生まれてくる選択が鍵だという。革新は必ずしも特定の問題に対応して，「必然的に」生まれるのではなく，相対的に「独立」している別々の流れの合流如何によるものであると導いている。

ツーサイド・プラットフォームにおける疎結合の経営行動

　プラットフォーム事業者と補完事業者の関係は，実に疎結合の関係性で結合している構造である。
　iモード・プラットフォームでは，プラットフォーム事業者と補完事業者の関係は，「垂直的な分業構造ではなく」，プラットフォーム上を一般サイトか公式サイトかの選択により「自由に出入り」し，公式サイトとしての認定と料金収納代行の関係において水平的な関係で成り立っている。
　コンテンツ・プロバイダーの行動は，「垂直的な分業構造ではなく」「自由に出入り」「柔軟でオープン」「戦略的な意思決定」「突然」「間欠的」といった疎結合の特質がみられる。携帯電話キャリアと垂直的な関係でなく水平的に，必要があるときに緩やかな関係，結合を繰り返す性格である。
　iモード・プラットフォームでは，コンテンツ・プロバイダーが疎結合の関係性のもとで，自律的に，しかも，柔軟でオープンに行動している。コンテンツ・プロバイダーは，いち早くプラットフォームに参入し，先行者優位な地位を獲得しようとする。プラットフォーム編集モデルは，そのような先行者優位を獲得する行動を誘導するものでもある。プラットフォームに参画するコンテンツ・プロバイダーは，iモードというプラットフォームが構築

されるという情報を得て起業した。疎結合という関係性は，自らの創造性が問われるものであり，その成果はすぐに顧客のコンテンツ・アクセス数に反映されるからである。

　コンテンツ・プロバイダーの参入行動は，「戦略的な意思決定」のもとで，「突然」「間欠的」に新たなケイパビリティを獲得する行動をダイナミックに展開するところに大きな特色がある。

❷　ネットワーク効果が働く市場での先行者優位の継続的獲得

(1)　iモード・プラットフォームへの参画行動

iモード・プラットフォームへの参画の端緒

　1999年にiモード事業が開始され，さまざまなコンテンツが投入されてきた。iモード契約数は，開始時48,000契約から，2001年2,003万契約，2008年には4,804万契約となっている。コンテンツ数は，公式サイト数でみると，2001年1,170サイトであったのが，2008年には12,625サイトと10.8倍となっている。iモード・プラットフォームには，コンテンツの拡大に合わせ，多くの新興企業が参画してきている。

　それでは，iモード・プラットフォームへの参画の端緒はどのようであっただろうか。補完事業者（コンテンツ・プロバイダー）の参画の端緒を調べるために，株式上場しているケータイコンテンツ関連企業の有価証券報告書や上場目論見書から分析することとした。

　2000年以降，ケータイコンテンツ関連企業の株式上場が相次いでおり，その主要な企業の設立時期とiモード・プラットフォームとの関連をみると，いずれも，iモード開始時前後に集中して設立し，いち早く差別化されたコンテンツを投入して経営基盤を確立している。その参入形態は多様であり，占い，エンターテイメント，ゲームなど参入当初のコンテンツ事業分野と現在の事業分野は大きく異なっているところが多い。

図表 3-3　主要なコンテンツ・プロバイダーの i モードとの端緒

カテゴリー	企業	i モードとの関わりの端緒	設立	上場
占い	インデックス	i モード開始時占い『恋愛の神様』	1995	2001
	ケイブ	i モード開始時『ステラ占いランド』	1994	2004
スポーツ	サイバード	i モード開始時『波伝説』(現『なみある？』)	1998	2000
ゲーム	バンダイ NE	i モード開始時ゲーム『バンダイ・チャンネル』	1998	2003
	ドワンゴ	1999年11月ゲーム『ドワンゴかもね』	1997	2003
	ジー・モード	2001年ゲーム主体の配信	2000	2002
音楽	MTI	2001年（1999年「EZweb」開始に伴いサービス）	1996	1999
	オリコン	2000年『オリコン TOP HIT』がヒット	1999	2000
	サミーネットワークス	2000年音楽コンテンツ配信（前身 BMB 社）	2000	2003
待ち受け	イマジニア	待ち受けなど	1986	2002

（出所）株式上場したコンテンツ関連企業の有価証券報告書等から作成。

i モード・プラットフォームへの多様な参画行動

　i モード・プラットフォームに参画行動をしているケータイコンテンツ関連企業は、いずれも早い段階から i モードに参入している。このように、株式上場した企業だけ分析しても、i モード・プラットフォームにいち早く参画する行動で先行者優位を築くことが、その後の成長に大きく影響していることが理解できる。

　i モード・プラットフォームへのコンテンツの投入には、自ら差別化しうるコンテンツを開発している企業、ユーザーが特定されるような特定のジャンルのコンテンツで参入している企業、有力なキャラクターを所有する親会社からコンテンツを譲り受けている企業など、多様な参画行動がみられる。いずれの形態でも、いち早く i モード・プラットフォームに参画する行動が優先されたのは、その後の成長に大きな差が生じると予想したからであり、それだけ i モード・プラットフォームへの期待が大きかったといえる[2]。これまでと異なるビジネスモデルが予感されたからでもある。

　約2年足らずで i モード契約数が2,000万を超える普及速度を目前にすれば、ネットワーク効果でコンテンツ市場も急拡大すると予想できたからで、プロバイダー間の激しい競争環境が生み出された。ユーザーは、コンテンツ

をダウンロードして楽しむためには，料金を支払うためにサイトの会員になる必要があった。コンテンツ・プロバイダーはその会員獲得のためにも，差別化したコンテンツを投入しなければならなかったのである。

(2) iモード・プラットフォームにおける先行者優位の獲得競争

人気ランキング上位のコンテンツの事業開始時期

　それでは，いち早く参画する行動で先行者優位を獲得する競争を分析してみよう。その分析に必要な詳細なデータは公開されていないので，2008年に公表されたiモード・メニューブック[3]にある人気ランキングを活用することとした。その人気ランキングの上位にあるコンテンツがいつサービス投入されたかの事業開始時期を調べることで，コンテンツの先行者優位が確立されているかを分析することができるからである。

　すなわち，2008年の時点において人気ランキング上位にあるサイト，それぞれについてサイト開始時期を調べ，iモード初期の2000年ないしその後1，2年に開設されたサイトであれば，先行者優位が獲得されていると想定する。人気ランキング上位にあるサイトについて先行者優位を分析すると，図表3-4のように，5つのカテゴリーで先行者優位のサイトが確認できる。

　先行者優位が働いているカテゴリーは，エンターテイメントのカテゴリーである「着信メロディ／カラオケ」「待ち受け画面」「ゲーム」と生活情報系の「交通／地図」と「くらしの情報」である。

　「くらしの情報」のサイトは，クロネコヤマト，郵便といった日常生活で利用し馴染みのあるサイトが先行者優位となっている。iモード・プラットフォームに参画する競争によって先行者優位が築かれたものでは必ずしもないが，iモード開始初期に投入されているということは先行者優位が意識されたとみてよいだろう。

　このほかの「着信メロディ／カラオケ」「待ち受け画面」「ゲーム」「交通／地図」のいずれのカテゴリーも激しい競争のなかで先行者優位を築いてきたサイトばかりである。

図表 3-4 人気ランキング（2008年）上位のサイトの開始時期

	2008年6月の人気ランキング	開始時期	プロバイダー
着信メロディ／カラオケ	① ポケメロ　JOYSOUND	2000	エクシング
	② 着信メロディ　GIGA	2000	ギガネットワークス
	③ dwango.jp 取放題	2001	ドワンゴ
	④ メロDAM　うたアリ	2000	第一興商
	⑤ music.jp 取り放題	2005	ハドソン
待ち受け画面／フレーム	① 楽プリ　ショット	2003	オムロンエンターテインメント
	② 明治カールおじさん	2005	明治製菓
	③ Disney.jp	2001	ディズニー
	④ ガンダム　mobile	2005	バンダイネットワークス
	⑤ iラブ　サンリオ	2004	サンリオ
ゲーム	① ゲームで遊ぼ！	2001	ジーモード
	② バンダイ　チャンネル	2001	バンダイネットワークス
	③ テトリス　Getプチアプリ	2001	ジーモード
	④ SIMPLE100シリーズ	2003	バンダイネットワークス
	⑤ ナムコ・ステーション	2001	ナムコ
交通／地図	① AD 乗換案内	2000	ジョルダン
	② NAVITIME	2002	ナビタイムジャパン
	③ 地図　マピオン	2001	マピオン
	④ ゼンリン　地図＋ナビ	2000	ゼンリン／サイバード
	⑤ iMapFan 地図ナビ交通	2000	三井物産／インクリメントP
くらしの情報	① クロネコヤマトモバイルサイト	2000	ヤマト運輸
	② 郵便ホームページ	2003	日本郵政公社
	③ 佐川急便	2000	佐川急便
	④ コカ・コーラ　パーク	2002	日本コカ・コーラ
	⑤ ポケットサイズ	2000	リクルート

（注）2008年6月の人気ランキング上位にあるコンテンツがiモード初期の2000年頃に配信開始されたカテゴリーのみ記載。
（出所）NTTドコモのiモードメニューブックから筆者作成。

第3章　プラットフォーム編集モデルとイノベーション行動

iモード・プラットフォームにおける先行者優位の獲得

　iモード・プラットフォームにおける先行者優位は、「着信メロディ／カラオケ」「待ち受け画面」「ゲーム」「交通／地図」のカテゴリーで顕著に獲得されている。

　「交通／地図」ではAD乗換案内はじめ人気上位にあるサイトは、2000年に集中して事業開始されている。同じように開始時期が2000年ないし2001年にあるカテゴリーをみると、「着信メロディ／カラオケ」「ゲーム」とiモードの最も初期に投入されたサイトが、人気ランキング上位に並んでいる。これらのカテゴリーでは、先行者優位は明確に明らかである。しかし、待受画面では、開始時期がやや遅いのが多く[4]、先行者優位が確立するのには時間がかかったことが伺える。

　「着信メロディ／カラオケ」「待ち受け画面」「ゲーム」「交通／地図」のカテゴリーのコンテンツはいずれもコンテンツ・プロバイダーによる配信サービスである。先行者優位の獲得競争が激しく、コンテンツの知名度を高め顧客ロイヤリティを醸成した結果とみられる。これに対し、「くらしの情報」のカテゴリーではいずれもコンテンツ所有者自らが配信している。

　一方、先行者優位が働いていないカテゴリーには、ショッピング、ファッ

図表 3-5　先行者優位がみられるコンテンツ・カテゴリー

	人気ランキング上位すべてのサイトが先行者優位	一部のサイトで先行者優位がみられる	先行者優位が獲得できていないカテゴリー
取引系のカテゴリー		・証券／カード／マネー	
生活情報系のカテゴリー	・交通／地図 ・くらしの情報	・天気／ニュース ・ホテル予約 ・働く／住む／学ぶ	
ショッピング等のカテゴリー		・ショッピング／チケット ・グルメ／レシピ ・待ち受け画面	・ファッション／コスメ ・健康／ビューティ
エンターテイメントのカテゴリー	・着信メロディ／カラオケ ・ゲーム ・スポーツ	・趣味／娯楽	・占い ・芸能／グラビア ・コミック／書籍

（出所）NTTドコモのiモードメニューブックから作成。

ション，占い，芸能などで，流行り廃りが激しいカテゴリーばかりである。占いや芸能など流行や好みといった人間の嗜好に左右される側面を持つカテゴリーでは，先行者優位は確立されていないのが実態である。

(3) iモード・プラットフォームにおける模倣障壁と専有可能性

コンテンツの模倣障壁

　先行者優位が得られているカテゴリーと先行者優位が働かないカテゴリーが確認できたが，後者のカテゴリーにあるファッション／コスメ，健康／ビューティなどでは先に分析したように人間の嗜好などが影響するところが大きく，模倣障壁をつくりにくい。

　これに対し，先行者優位が働いているカテゴリーでは，いずれもなんらかの模倣障壁が築かれている。その模倣障壁は，くらしの情報やスポーツなどすでに知名度が確立されているものや，交通／地図のようにすでに購入したコンテンツからのスイッチング・コストが高いことの移動障壁，着信メロディ／カラオケ，ゲームのような著作権の法制度が模倣障壁となっているものまである。このようなコンテンツの模倣障壁が効いて先行者優位が築かれている。

先行者優位のコンテンツがもつ専有可能性

　先行者優位なコンテンツで継続的に利益を獲得する，すなわち利益の専有可能性がiモード・プラットフォームでみられるものだろうか。専有可能性を確立するためには，コンテンツの模倣障壁と知的財産マネジメント，カテゴリー間の移動障壁，iモード・システム技術の高度化，技術のリードタイム，サービス改善努力などが有効に作用してくるものでなくてはならない。

　コンテンツの模倣障壁は，異なる産業間や異なるネットワークへの模倣障壁が問題となる。コンテンツのライセンシングなど，知的財産マネジメントがとりわけ重要性を担ってくる。先行者優位なコンテンツでは自社運営のサイトのライフサイクル・マネジメントによってレント（利潤）の専有可能性を維持できるが，ライセンシングによるサイト運営やコンテンツ所有者からのサイト運営受託の場合，長期的に専有可能性を獲得し継続することには，

コンテンツ・プロバイダーにはやや不安があり，提携・協業などの経営行動をとる可能性がある．

着信メロディ，着うたにおけるカテゴリー間の移動障壁には，音楽著作権など煩雑な知的財産権の交渉の障壁があり，音楽著作権を所有するレコード会社直営サイトが優位である．コンテンツ・プロバイダーの移動障壁を超えたカテゴリー拡大のためには，専有可能性を獲得し競争力を高める知的財産マネジメントの確立が求められる．

iモード・システム技術の高度化，リードタイム，サービス改善努力は，コンテンツ・プロバイダーが備えているビジネス要件である．とりわけ，第3世代の携帯電話への移行やmovaに加えFOMAの普及時期など，公式サイトの許認可などで日常交渉の機会が多かったコンテンツ・プロバイダーにとって，iモード・システム技術の進化を先読みし着うた市場などにいち早く進出できるリードタイムの有利性があって，専有可能性を獲得していった行動が確認できる．このようなコンテンツ・プロバイダーの専有可能性の確立と先行者優位の獲得行動が競争優位性を確立するうえで欠かせないものとなっている．

(4) ネットワーク効果が働く市場での先行者優位の獲得可能性

ネットワーク効果が働く市場での先行者優位の継続可能性

一般に，先行者優位はいつまでも持続できるものではないと競争戦略では考えられてきた．事実，技術力の差はすぐに埋まってしまう例は数多く，同等の品質レベルの製品やサービスが市場に投入される時間差はそれほど大きくはない．

しかし，iモード・プラットフォームのように，ネットワーク効果が働く市場では，先行者利益が継続して確保できる可能性がありうる．誰もがiモードを利用してメール交換し，iモード・プラットフォームにいち早く投入された人気のあるコンテンツを楽しんでいる際，大多数のユーザーがそのサイトを支持して利用するユーザーが増えるほど，そのサイトが標準となり，専有可能性が持続する．このように，ネットワーク効果が働くとき，ユーザーが専有可能性を持続させ，ユーザーの支持によってデファクト・ス

タンダードとなっていくことから，いち早く参画する行動，ファースト・ムーバーの行動が有効性を発揮してくることになる。まして，他のサイトに乗り換えることやKDDIのEZweb・プラットフォームも共有することはそれほど多くはない。そのスイッチング・コストやマルチホーミング・コストが高いからである。

競争優位継続への知的財産マネジメントの課題

ネットワーク効果によって先行者優位を持続することに加え，コンテンツ・プロバイダー自らが競争優位を継続して確保するための戦略が，知的財産マネジメントである。

コンテンツ・プロバイダーは，コンテンツの専有可能性をいつまでも獲得していきたいことから，コンテンツへの顧客アクセスをできるだけ大きくするため積極的に投資活動を行わなくてはならない。その活動はコンテンツが陳腐化しないようライフサイクル管理を徹底することである。知的財産マネジメントの一環としてのライフサイクル管理は，収益管理でもある。取り扱っているコンテンツに顧客離れがないか，競争力が維持されているかを判断し，コンテンツの適切な入れ替えも必要となってくる。有力なコンテンツを結合再編するなども，知的財産マネジメントの一環である。

❸　ネットワーク効果を増幅するカテゴリー拡張の事例分析

(1)　ｉモードにおけるコンテンツ・カテゴリーの拡大プロセス

ｉモードのコンテンツ・カテゴリーの拡大

ネットワーク効果が働くｉモード・プラットフォームでは，コンテンツの先行者優位性ばかりでなく，コンテンツのカテゴリーの拡大によるネットワーク効果の増幅作用にも目を向ける必要がある。

このコンテンツ・カテゴリーの拡大は，プラットフォーム事業者が政策的に拡大していったというより，公式サイトの方がユーザー・アクセスがしやすいことから，その認定申請のためにプラットフォーム事業者に持ち込まれ

たコンテンツが増えることで必然的にカテゴリーが拡大していった。その意味で，補完事業者のコンテンツ・プロバイダーによる疎結合的行動から生じるネットワーク効果が増幅すると考えることができるからである。

　コンテンツのカテゴリーは，当初の取引系や生活情報系のカテゴリーから，エンターテイメント系やその他まで幅広く拡大している。それだけにｉモード・プラットフォームは多面的になっている。

　このコンテンツ・カテゴリーの変遷を，ｉモード契約者数が2,000万を超えた2001年，先の人気ランキングが公表された2008年，その中間の2004年を代表的な時期として分析すると，大きく次の３つの特色が見出される。

①カテゴリー変化の少ない取引系・生活情報系

　取引系のカテゴリーにある金融サービスは，モバイルバンキングと証券，カード，保険で，ｉモード開始時からの主力コンテンツである。最近電子マネーが普及してきていることもあって，マネーが新たなカテゴリーになってきているのが目立つ程度で，大きなカテゴリー変化はない。生活情報系も，ニュース，便利ツール，タウン情報，旅行・交通の分野で大きなカテゴリー変化はない。これら日常生活で「いつでもどこでも」コンテンツにアクセスできるカテゴリーは，ケータイ利用の定番であり，当初からのケータイ技術のコンセプトであるが，大きなカテゴリーの追加はない。

②幅広いカテゴリー増大がみられるショッピング系・エンターテイメント系

　ｉモード・プラットフォームで大きく変容してきているのが，ショッピング系・エンターテイメント系である。待受画面でフレーム，きせかえツールが追加している。さらに，大幅に拡大しているのが，ショッピング・カテゴリーである。当初はチケット／リビングだけであったものが，ファッション／コスメ，健康／ビューティと幅広く拡大している。それ以上に拡大しているのが，エンターテイメント系である。占い，ゲームのカテゴリーは従前のままであるが，音楽とエンターテイメントが細かなカテゴリーに細分化している。音楽系では，着信メロディに始まって，着うた，着うたフル，うた・ホーダイ，メロディコールから動画にまで拡大している。セグメント化されるほど，市場ニーズの変化が激しい分野でもある。エンターテイメントも同様に，芸能／グラビア，映画，スポーツ，趣味／娯楽にまで拡大するととも

に，最近ではケータイ小説，ケータイコミックなどコミック／書籍が登場してきている。
③ケータイ利用の新たな進化を示す社会的なコミュニケーション・カテゴリー
　その他の分野であるが，新たに登場してきているカテゴリーに，コミュニティ／SNSと防災・防犯・医療がある。SNSは，n:nのコミュニケーションとしてパソコン・インターネットからiモードにまで拡大し，コミュニ

図表3-6　コンテンツ・カテゴリーの変遷

		1999／3.4	2001／12	2004／10	2008／6
取引系	金融サービス	モバイルバンキングカード証券（モバイルトレード）生命保険	モバイルバンキング証券／カード／保険	モバイルバンキング証券／カード／保険	モバイルバンキング証券／カード／マネー／保険
生活情報系	ニュース	ニュース／情報	天気／ニュース／情報	天気／ニュース／情報	天気／ニュース／情報
	便利ツール	便利ツール	辞書／便利ツール	辞書／便利ツール	辞書／便利ツール
	タウン情報	グルメ／レシピタウン情報	グルメ／生活情報タウン情報／行政	グルメ情報iタウンページくらしの情報働く／住む／学ぶ	グルメ／レシピくらしの情報働く／住む／学ぶ
	旅行・交通	エアライン情報トラベル	交通／地図／旅行	交通／地図／旅行	交通／地図ホテル・宿・旅行
ショッピング系	待受		待受画面	待受画面／iアプリ待受／フレーム	待受画面／フレームきせかえツール
	ショッピング・チケット	チケット／リビング	ショッピング	ショッピング／チケットファッション／コスメ健康／ビューティ／ライフ	ショッピング／チケットファッション／コスメ健康／ビューティ／ライフ
エンターテイメント系	占い	占い	占い	占い	占い／診断
	エンターテイメント	エンターテイメント	音楽／TV／FM雑誌／芸能スポーツ／趣味	TV／ラジオ／雑誌／小説音楽／映画／芸能スポーツ趣味	TV／ラジオ／雑誌コミック／書籍芸能／グラビア／お笑い音楽／映画／アーティストスポーツ趣味／娯楽
	音楽		着信メロディ／カラオケ	着信メロディ／カラオケ着うた／着モーション	着信メロディ／カラオケ着うた／着モーション着うたフルうた・ホーダイMusic&Videoチャンネルメロディコール動画／ビデオクリップ
	ゲーム		ゲームプレイステーション	ゲームプレイステーション	ゲーム
その他					コミュニティ／SNS防災・防犯・医療

（出所）NTTドコモの「iモードメニューブック」から筆者作成。

第3章　プラットフォーム編集モデルとイノベーション行動　51

ティ・サイトも増えている。また，iモードの社会的な活用としての防災・防犯・医療のカテゴリーは，社会的にもニーズが多く，iモードのイノベーションが社会的な役割を担うまでになっている。

コンテンツ・カテゴリー拡張のメカニズム

コンテンツ・カテゴリーの拡張は，iモード契約者数が増加するにつれサイト数も増加し，既存のカテゴリーでは収まらないほど多様なコンテンツが生まれてきていることを意味している。その拡張は，iモード・プラットフォームの価値が高まってきているというネットワーク効果を反映しているものでもある。

カテゴリーの拡張が，ショッピング，エンターテイメント，社会的コミュニケーションで増大しているということは，iモード・プラットフォームのサイドがモバイルバンキングのような取引機能サイド，ニュース，タウン情報の情報収集機能サイド，音楽・ゲームの娯楽機能サイドに加えて，ショッピング，エンターテイメント，社会的コミュニケーションの機能のサイドを付加したプラットフォームに進化してきていることになる。

このようなプラットフォーム内のカテゴリー拡張は，補完事業者であるコンテンツ・プロバイダーの自発的な投資行動をもとにしている。プラットフォームの直接的なネットワーク効果ばかりでなく，サイド間ネットワーク効果を補完事業者が導いてくるメカニズムがここには働いている。

プラットフォーム事業者の拡張戦略は，ユーザーサイドとコンテンツサイドのツーサイド・プラットフォームから，おサイフケータイなどの機能をもつプラットフォームへの拡張である。それに対して，プラットフォーム内のカテゴリー拡張を補完事業者が創造し，プラットフォームの魅力を高め会員増を導くことでネットワーク効果増幅メカニズムを生み出してきている。

(2) 補完事業者のバンドル化によるカテゴリー拡張の事例

バンドル化によるカテゴリー拡張の事例

補完事業者がカテゴリーを拡張している事例を分析してみよう。そのカテゴリー拡張には，いずれもバンドル化の戦略的行為を駆使していることが特

徴である．バンドル化は，経営資源が少なく独自の展開に欠けるときに有力なブランドを確立している先発事業者に相乗りして事業化を図るもので，戦略的提携や買収や共同運営など多様な企業間連携活動で実現される．

第1のケースは，急速に成長しているコンテンツ・カテゴリーへの多角的な投資による成長プロセスである．その代表的なI社は，iモード開始時にいち早く占いサイトを投入し，その後FOMA移行への技術動向を先読みし，着信メロディへの参入によって，iモード・プラットフォームで揺るぎないポジションを確立した．その後の拡張行動は次のような多面的な行動をとっている．

・待受画面…コンテンツのキャラクターや映像著作権を持っていなかったことから，有名玩具メーカーと戦略的提携によって進出した
・金融サービス…金融情報分析ノウハウをもつ企業の買収によってケータイで株価情報の配信サービスに参入した
・オークション・サイト…パソコンによるオークション・ショッピングが急成長していることから，すでにこの分野で成功した企業との共同運営で参入
・健康やエステティック…エステティック・サロンとのジョイント・ベンチャーによるサイトの共同運営で参入
・教育…教材コンテンツ企業との合併で進学資料請求サイトで教育SNS市場に進出

第2のケースは，ゲームを手初めに初期からiモードに参画したプロバイダーが音楽，電子書籍にカテゴリー拡大している事例である．まず，音楽カテゴリーへの参入の経緯である．パケット定額制の導入で，消費者の楽曲ダウンロードに対するコスト負担が軽減し，着うた市場が成長すると予測された．しかし，ここには音楽著作権という移動障壁があるため，レコード会社，音楽プロダクションとの戦略的提携で優良コンテンツを集めざるをえなかった．また，音楽放送番組とのジョイント・ベンチャーで楽曲を創作する行動もしている．さらに，レコード制作会社も買収している．このような戦略的提携で，音楽カテゴリーの事業ドメインを強化し着うた市場でシェアを高めていった．その成長プロセスで，音楽著作権の管理子会社まで設立して

図表 3-7　音楽主体プロバイダーのカテゴリー拡大行動

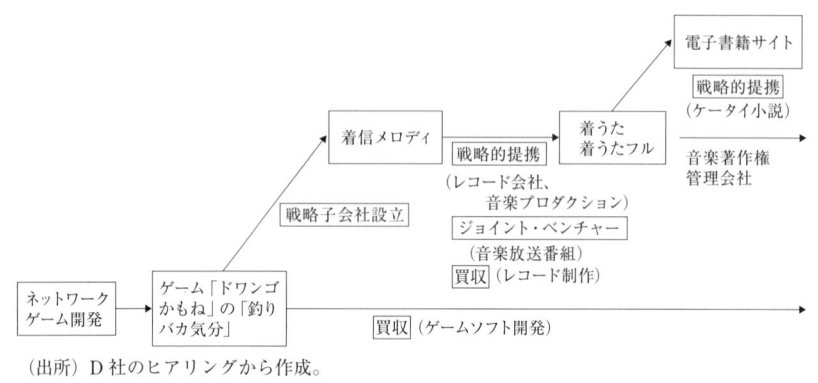

```
                                                          ┌──────────┐
                                                          │電子書籍サイト│
                                                          └──────────┘
                                                            ↑
                                                          戦略的
                                                          提携
                                                          (ケータイ小説)
                                          ┌──────┐
                              ┌──────┐    │着うた│         音楽著作権
                              │着信メロディ│──→│着うたフル│     管理会社
                              └──────┘    └──────┘
                                    戦略的提携
                                    (レコード会社、
                                     音楽プロダクション)
                      戦略子会社設立  ジョイント・ベンチャー
                              │      (音楽放送番組)
                              │      買収 (レコード制作)
┌──────────┐  ┌──────────────┐
│ネットワーク│→│ゲーム「ドワンゴ│
│ゲーム開発  │  │かもね」の「釣り│────買収 (ゲームソフト開発)
└──────────┘  │バカ気分」      │
              └──────────────┘
```

（出所）D社のヒアリングから作成。

いる。さらにはケータイ小説やケータイマンガの電子書籍サイトにも戦略的提携によって進出している。

疎結合的行動によるカテゴリーの拡張

　このようなカテゴリー拡張行動は多くのコンテンツ・プロバイダーに共通してみられ，そのもとでプラットフォーム全体のカテゴリー拡大につながっている。その行動はきわめて疎結合の経営行動からなっている。音楽主体のプロバイダーが金融サービス，オークション，教育のサイトを次々に立ち上げる一方，ゲームからスタートしたプロバイダーが音楽サイト，電子書籍サイトに時間を経て進出する行動はバラバラにみえるが，コンテンツ提供においてはユーザーのニーズ変化に先駆けてサイトを立ち上げている行動が共通しているからである。

　コンテンツ・プロバイダーの疎結合の行動によって，プラットフォームがユーザーを集め，プラットフォームの競争力を高めていることになる。プラットフォーム事業者にとって，補完事業者の疎結合の行動を許容することの方が，プラットフォームへのユーザーの集客には有利である。

(3) 自発的な投資行動によるサイド間ネットワーク効果の増幅

補完事業者の自発的な投資行動

　プラットフォームの補完事業者であるコンテンツ・プロバイダーは，iモードに群がる巨大なユーザー層を目前にして，自らのサイトに足繁くアクセスするユーザーを囲い込むため，自発的な投資行動に積極的である。

　その第1が，会員組織づくりである。有力なサイトの会員数は数百万人にも達するから，需要における規模の経済性が効率的に活用できる。コンテンツ・プロバイダーにとっては，この巨大な会員がサイト離れを起こさないためにも，次々とユーザー・ニーズを引き入れていくようなコンテンツを投入し続けることになる。サイトのリニューアルも頻繁で，そのリニューアルの際他のカテゴリーで流行っているトレンドを組み込んでいる。

　第2の投資が，その会員を対象にしたコミュニティづくりである。サイトの無料会員から有料の課金できる優良会員への転換を導くためである。また，そのコミュニティから新しいニーズを探ることもできる。

　第3が，リコメンデーション・システムの導入である。看板となるコンテンツを活用してユーザーを集客するばかりでなく，リコメンデーションで推奨機能を持ち込むことができるからである。

サイド間ネットワーク効果の増幅

　プラットフォーム編集モデルは，コンテンツ・プロバイダーの会員獲得行動によって潜在的な顧客の市場アクセス機会を高めるばかりでなく，新しいカテゴリーのサイトを創造していくのにも有効である。コンテンツ・プロバイダーにとって，獲得した会員組織を活用して，スコープの経済を戦略的に展開している。膨大な会員を対象に，新たなカテゴリーのコンテンツを開発し，その隣接するコンテンツにもアクセスしてもらうバンドル化戦略であり，コンテンツの横展開でもある。

　そのバンドル化によるサイド間ネットワーク効果を働かすメカニズムが最大限活用されている。補完事業者の疎結合的な経営行動は，このサイド間ネットワーク効果を増幅することができ有効である。

❹ ネットワーク効果を活かしたビジネスモデル

(1) ビジネスモデルの要素

ビジネスモデルの要素

　ビジネスモデルとは，一般に，顧客に独特の価値を創造していくための事業の仕組みのことを意味している。ここでコンテンツ・プロバイダーのビジネスモデルの要素を再整理するということは，疎結合的な経営行動のビジネスモデルの考え方を整理し直すことでもある。

　よく知られたビジネスモデルの要素はハメル・プラハードの4つの要素である（Hamel and Prahalod, 1994）。第1は，顧客とのインターフェースである。顧客アクセスを形づくる顧客満足とサポート，情報と洞察力，関係の力学，価格構造からなる。第2は，コア戦略である。ビジネスミッション，製品と市場の範囲，差別化から構成される。第3は，戦略的資源であり，コア・コンピタンス，戦略的資産，コア・プロセスがある。第4が，価値のネットワークで，サプライヤー，パートナー，連携活動から構成される。

　このハメル・プラハードの4つのビジネスモデル要素を拡大して，顧客とのインターフェースを顧客価値の創造，価格設定力，コア戦略をビジネスの構成，収益源の構造，価値のネットワークを組織行動，企業間連携能力に分解する（Afuah and Tucci, 2001を参考にした）。

　①顧客価値の創造
　②ビジネスの構成
　③価格設定力
　④収益源の構造
　⑤組織行動
　⑥企業間提携能力

ビジネスモデルの要素の構成

　顧客価値の創造は，顧客に差別化した商品・サービスを提供することであ

る。ビジネスの構成は，顧客ニーズの変化を先取りして対応できる能力や製品ラインなど幅広い製品・サービスを提供する能力である。価格設定力は，価格決定要因が明確で価格の差別化が働くメカニズムを明確にできるかである。また，収益源の構造では，利益を生み出す源泉と収益をもたらすドライブ要因が問われてくる。組織行動は，戦略構造の構築能力，従業員の質等からなる。そして，企業間連携能力は，組織能力，組織ネットワーク力である。

⑵　疎結合のビジネスモデル特性

疎結合の経営行動を反映したビジネスモデル特性

　疎結合の経営行動をビジネスモデルを構成する要素から分析すると，疎結合の性質や組織特性を考察することができる。

　顧客価値の創造では，差別化した商品サービスを提供するにあたって，疎結合の場合，商品サービスの提供を固定的に考えるのではなく柔軟に考えた価値創造プロセスに持ち込むことである。顧客のニーズ変化や市場変化に弾力的に対応するためには，定型化した固定的な価値創造では小回りが利かないからである。このため，ビジネスの構成では，機敏な適応力を発揮するためにも，製品サービスの柔軟な組み合わせが臨機応変に構成されなくてはならない。価格設定力では，柔軟に商品サービスを組み合わせ弾力的に価格設定できることである。収益源の構造，利益を生み出す源泉は，斬新な解決策を柔軟に提供することのできる能力・ケイパビリティであり，オープンなビジネス・プラットフォームが構築され，そこでくっついたり離れたり自由に変則的ともいえる疎結合のビジネス行動が展開される。その行動に必要なドライブ要因は，自発的に投資行動を促進できるビジネス環境を用意し，顧客開拓，市場創造の高いケイパビリティからなっている。組織行動は，重層的でなく，分権的な階層の少ないビジネスプロセスで，官僚制に近似しているのではない。戦略的な意思決定による企業間連携も，独自の顧客開拓力をもつパートナーとの垂直的な分業体系ではない企業間連携構造が求められる。

図表 3-8　疎結合のビジネスモデル特性

	ビジネスモデルの要素	疎結合のビジネスモデル特性
顧客価値の創造	・顧客への差別化した商品サービスの提供	・固定的でない価値創造プロセス ・市場変化への弾力的な価値創造行動
ビジネスの構成	・顧客ニーズの変化の先取り ・製品・サービスの多様な範囲	・市場ニーズ変化への機敏な適応力 ・柔軟な組み合わせによる製品・サービスの提供
価格設定力	・価格決定要因 ・価格の差別化	・サービス価値に相当する弾力的な価格設定
収益源の構造	・利益を生み出す源泉 ・収益をもたらすドライブ要因	・斬新な解決策の提供 ・自発的な投資行動が促進される環境
組織行動	・戦略・構造・体制・従業員・環境 ・環境の特性	・階層の少ないビジネスプロセス ・分権型組織ユニット
企業間連携能力	・組織能力、能力格差の特性 ・組織ネットワーク力	・独自の顧客開拓力をもつパートナリング ・垂直的でない企業間連携の構造

(出所)　筆者作成。

疎結合のビジネスモデル特性からみた経営戦略の特質

　疎結合のビジネスモデル特性から，コンテンツ・プロバイダーの経営行動をみると，膨大にアクセスしてくる顧客を会員として，差別化されたコンテンツを会員がダウンロードする一連のプロセスを柔軟に提供することからなる。そして，市場変化を先読みしたコンテンツ開発とサイトの新鮮さを保つための頻繁なコンテンツ・リニューアルを不連続的に行い，コンテンツのライフサイクル管理を徹底するビジネスを展開している。価格設定力では，無料・一部有料を自在に組み合わせたサイト運営も弾力的である。

　収益源の構造は，膨大なiモード契約者を会員化することと料金回収が確実に確保できる構造にある。また，iモードに精通したシステム開発力によって，優良なコンテンツホルダーからサイト運営を受託することも収益基盤を安定するのに寄与している。そして，新たなカテゴリー分野に積極的に参入するためにスピーディに戦略的な意思決定をするとともに，優良コンテンツを獲得するための知的財産マネジメントを専門的に扱う組織まで設置している状況にある。

また，有力なコンテンツを保有する企業とのパートナリングの能力が顧客開拓力を高めるのに寄与している。このような疎結合のビジネス特性を，補完事業者のコンテンツ・プロバイダーが経営戦略としているからこそ，次々にコンテンツ・プロバイダーが育っていくプラットフォームとして，iモード・プラットフォームの特質が形づくられているといえよう。
　このように疎結合の関係性のあるビジネスモデルは，定形化していない価値創造プロセスが基本で，顧客ニーズの変化への機敏な適応力で，緩やかな組織連携のネットワークを築き，独自の顧客開拓力につながるパートナーとの連携活動を，オープンなプラットフォームによって展開していると考えることができる。

(3) ネットワーク効果を活かしたビジネスモデル

ネットワーク効果増幅のビジネスモデル

　このような疎結合の関係性のあるビジネスモデルは，ネットワーク効果を増幅するビジネスモデルでもある。
　機敏なコンテンツ・リニューアルで顧客価値を高めることで会員増を図るばかりでなく，市場変化を先読みしたコンテンツ管理と新しいカテゴリーへの進出によっても会員増をもたらしている。看板となる公式サイトを無料化し顧客アクセスを増やし，その後有料化に導くことも会員獲得の行動である。
　それらの源泉が，膨大なiモード契約者を対象とした会員化・ネットワーク化である。そこでは，需要における規模の経済性が働いており，それによってネットワーク効果が増幅できている。ライフサイクル管理のもとでのサイト更新や多様な提携行動による新しいサイト増設から派生しているからでもある。

独自の顧客開拓力をもつパートナリングの有効性

　新しいカテゴリーへの拡大のためには，特定の顧客層から支持されている有力なコンテンツ企業との連携が効果的でもある。ネットワーク効果を増進するビジネスモデル構築の効果があるからである。新しいカテゴリーへの移

図表3-9　ネットワーク効果増幅のビジネスモデル

	疎結合のビジネスモデル特性	ネットワーク効果増幅のビジネスモデル
顧客価値の創造	・固定的でない価値創造プロセス ・市場変化への弾力的な価値創造行動	・機敏なコンテンツ・リニューアルによる会員増 ・会員間のコミュニケーションの促進
ビジネスの構成	・市場ニーズ変化への機敏な適応力 ・柔軟な組み合わせによる製品・サービスの提供	・市場変化を先読したコンテンツとカテゴリー開発 ・ライフサイクル管理によるコンテンツの入れ替え
価格設定力	・サービス価値に相当する弾力的な価格設定	・無料と一部有料化によるサイト運営
収益源の構造	・斬新な解決策の提供 ・自発的な投資行動が促進される環境	・膨大なiモード契約客の会員化・ネットワーク化 ・リコメンデーションによる顧客アクセス増
組織構造	・階層の少ないビジネスプロセス ・分権型組織ユニット	・公式サイトを看板とした無料顧客のアクセス増
企業間連携能力	・独自の顧客開拓力をもつパートナリング ・垂直的でない企業間連携の構造	・特定の顧客をもつコンテンツ企業との業務提携 ・優良コンテンツ獲得のための知的財産マネジメント

（出所）筆者作成。

動障壁は高いが，移動障壁を乗り越える多様な戦略的な行動が模索され，いくつかの行動パターンがある。

　コンテンツを熟知している場合，新規かつ未知の市場への参入では，有力なコンテンツ企業との協業，合弁が有効である。また，熟知した市場で新しいコンテンツを獲得したい場合には戦略的なアライアンスが講じられる。さらに，市場は熟知しているがコンテンツは新規な分野であるときには，コンテンツの（著作権など）ライセンシングを得る行動もみられる。

　このようなパターンのもと，新しいカテゴリーへの進出でユーザー・アクセスを高める疎結合的な性格のパートナリングが多く展開されてきた。その新カテゴリーで有力なコンテンツ・ノウハウを培い，しかも，特定の顧客層をもち，顧客開拓力もあるコンテンツ企業とのパートナリングが有効である

からである。

　また，プラットフォーム事業者からみても，そのような疎結合のパートナリングを展開できる能力を持った補完事業者の存在があるほどプラットフォームの競争力を高めることに役立つ。

❺　プラットフォーム編集モデルとイノベーションの創発

(1)　プラットフォーム編集モデルの競争力の源泉

プラットフォーム編集モデルにおける疎結合的行動

　プラットフォーム事業者と補完事業者（コンテンツ・プロバイダー）との関係は，垂直的な分業関係ではなく，iモード・プラットフォームでは，プロバイダー等が独自の行動を行う疎結合の関係性から成り立っている。プラットフォーム事業者との関係は，公式サイトの認定と料金収納代行サービスである。

　この疎結合の関係性は，ともすれば補完事業者のバラバラな行動とも映ってくるが，プラットフォームに共生しているからこそプラットフォームの競争力が持続することを望み，競争力を高めるような行動を起こすことになる。それを原理として，公式サイトの認定などによるコンテンツの編集作業を通じ補完事業者の間での競争を促すことがプラットフォーム事業者の役割となる。その競争はいち早くプラットフォームに参画させるためにインターフェースを情報公開し誘導し，後々の先行者利益が確立できるような競争を促すことである。競争が促され，情報が流れやすいプラットフォームであればあるほど市場性が高まってくる。

　また，プラットフォーム事業者の役割は，ユーザーサイドの利便性を高めることにもある。ユーザーのアクセスを高めるためにも，ユーザーがアクセスポイントを検索しやすいマッチング機能を提供することも必要となってくる。iモードの場合，iモード・メニューに人気の高いサイトを並べるのもその方法の1つである。

　プラットフォーム編集モデルは，補完事業者が疎結合的な経営行動がとり

やすい環境を用意するものであり，プラットフォームそのものの競争力を導く戦略でもある。

ネットワーク効果の効くビジネスモデル

　その競争力の源泉となるのは，巨大なユーザーグループが引き起こすネットワーク効果である。ユーザーが集まれば集まるほどプラットフォームから得られる消費者余剰が高まるネットワーク効果は，ユーザーグループのサイドと製品・サービスを提供する補完事業者のサイドの間にも間接的な効果をもたらす。

　プラットフォーム編集モデル固有のネットワーク効果は，ユーザーと補完事業者の直接的なやりとりにある。需要における規模の経済性があるから，ユーザーと補完事業者双方に共通してかかる膨大なコストのなかで無駄なコストを削減することも，ビジネスモデルの要素となる。会員のパスワードの共通化や課金料金の収集方法の共通化などである。iモードの場合，プラットフォーム事業者が料金収納代行サービスを提供しているのも，この無駄なコストの削減に有効となっている。

(2)　カテゴリー開発に有効なプラットフォーム編集モデル

独自の顧客開拓力のある企業とのパートナリング

　ここで，プラットフォームの運営において，iモード・プラットフォームのような疎結合的関係性で補完事業者との関係にある場合と，グループの関連会社と垂直的な密結合の関係性で運営する場合を比較してみる。疎結合の関係性では，確かに補完事業者の能力によって事業の不確実性が生じることもあるし，価値のあるコンテンツが模倣されることもある。一方，密結合では，グループ会社でコンテンツを調達したり知的財産マネジメントで保護したりすることができ，グループ内で安定的に事業運営を行いレント（利益）の専有可能性もグループ内で確保できる。しかしながら，新しいカテゴリー開発のような事業拡大への機会獲得の面からすれば，疎結合の関係性では，オープンに自由に取引ネットワークを拡大することで，機会獲得の確率は高くなる傾向にある。グループ運営では，標準化したサービスを提供できるが

新しい機会獲得は限定的である。とりわけ，疎結合であれば，補完事業者が培った幅広い顧客層を活用し新たな顧客獲得の機会が大きくなる。

　このようにプラットフォームの競争優位性を比較すると，グループで密結合でのコンテンツ事業を展開するには安定的だが，疎結合の関係性で成り立つネットワーク組織の方が新たなユーザー獲得機会では有利になる。この関係は，補完事業者が新しいカテゴリー分野に進出するときのパートナリングにも有効である。

カテゴリー開発に有効なプラットフォーム編集モデル

　プラットフォーム編集モデルにおける疎結合の関係性のもう1つの利点は，補完事業者の自発的な投資行動を誘導できることである。その投資行動は会員組織づくりや新カテゴリー開発投資などだが，ネットワーク効果を梃子にしたイノベーション行動ともなるものである。

　疎結合的な経営行動が企業グループ内で垂直的な結合関係よりも市場拡大の機会を高めるのであれば，いささかバラバラな行動であっても，自発的な投資行動を促し，所属するプラットフォームの競争力を高めるイノベーションを創発し易いからである。

(3) プラットフォーム編集モデルによるイノベーションの創発

先行者優位を築くプラットフォーム編集モデル

　プラットフォーム編集モデルは，疎結合が基軸となり，プラットフォームに参画した補完事業者によって，新しいカテゴリーの市場を創出するなどのイノベーションをもたらすことになる。そして，ビジネスの新領域を開発し拡大していくのも補完事業者の役割である。iモード・プラットフォームの場合では，SNSなどソーシャル・ネットワーキングのカテゴリーやオークションなどの新領域を開発しているのも補完事業者である。

　プラットフォーム編集モデルでは，いち早くプラットフォームに参画することで，先行者優位なポジションを得ることができることが実証された。しかも，ネットワーク効果が働く市場では，その先行者利益が継続する可能性が大きい。その利益（レント）の専有可能性も持続する。ユーザーが高いス

イッチング・コストを嫌い，補完事業者の製品・サービスを事実上の標準にし，他のユーザーを巻き込む行動に走るからである。そして，補完事業者もその優位性を失いたくないから，新たなカテゴリーを次々に開発するというイノベーションが生まれてくる。

このような好循環なプラットフォーム編集モデルにおけるイノベーションを加速していくことが必要とされている。

インキュベーション機能のあるプラットフォーム編集モデル

ｉモード・プラットフォームでは，ｉモード開始に合わせ，数多くのコンテンツ・プロバイダーがベンチャービジネスとして群生し，プラットフォームそのものの競争力を高めてきた。その原理として疎結合の関係性に着目してきたが，これからのイノベーションの創発においても，インキュベーション機能のあるプラットフォーム編集モデルが採用されることが望ましい。イノベーションへの期待は，新しい創造性のある企業が群生していくことが経済活力を高めるからである。その参画を容易にするインターフェースの情報公開がイノベーションの梃子となる。

注
1) Weick (1976) による。
2) 第2章3節のネットワーク効果の試算での統計的に有意な結果をもとに論じている。
3) ｉモード・コンテンツ・データの特殊性については，1999年3・4月号を初版とする「ｉモード・メニューブック」(NTTドコモ) がある。ｉモードの公式サイトを掲載した刊行物で，NTTドコモが公表する公式サイト数とは正確に一致していない。しかし，公式サイトとして認定されたコンテンツはビジネス上使われなくても残存している，あるいは他のコンテンツと合体・バンドル化されているので，メニューブックの数字は公式サイトとして公表されている数よりも小さい。ケータイコンテンツのビジネス実態に近いと想定される。それだけに，コンテンツの経年的な変化を追跡することができる。筆者は，このケータイコンテンツのメニューブックを収集し経年的にデータベース化し，コンテンツの進化を分析できるところまでにしてきた。

　本章は，この経年データをもとに，ケータイコンテンツ市場の成長プロセスを実証分析し，ｉモードがもたらしたコンテンツ・イノベーションの特質を明らかにすることを目的としている。とりわけ，コンテンツを配信するコンテンツ・プロバイダーの経営行動を各社のIR情報から追跡し，経年的なコンテンツ・データと重ね合わせ，コンテンツ・マネジメントの実態を探ることにした。

2008年のデータは出版物ではなくホームページに掲載され，人気ランキングについては2008年のみ公表されたものである。
4）2001年の第3世代携帯電話と技術仕様の変化に伴い，待受の開始時期がずれている。

第4章

価値共創のプラットフォーム公開モデル

❶ ものづくりと価値共創のイノベーション

(1) ものづくり分野のサービスイノベーション

ものづくりとサービスイノベーション

　サービスイノベーションに注目が高まっている。サービス産業の生産性向上が大きな課題になっているからであるが，一方で，少子高齢化社会が急速に進むなかでの健康・福祉サービスなどの市場拡大，生活者の安全安心への意識の高まり，さらには，低炭素社会への対応などが求められ，サービス事業そのものの新領域が拡大しているからでもある。また，製造業の分野でも，顧客サービスに密着したものづくりが模索されつつある。端的な例として，松下電器産業がパナソニックへと社名変更した背景には，プロダクトアウトからマーケットインへ事業構造を転換するにあたって，サービス指向の経営革新が断行されたことはよく知られている[1]。

　サービスイノベーションは，サービス産業の生産性を向上するための科学的なアプローチと規定することが多いが，サービス分野に限らず製造業分野でも適用が進んでいる。

　このようなサービスイノベーションを導くマネジメントの論理にはどのようなものがあるのだろうか。注目されている理論研究に，サービス・ドミナント・ロジックがある。価値共創の論理である。マーケティングの現場で強く意識されてきた顧客との関係性構築に欠かせない視点である。この価値共創をサービスイノベーションで具体的にいかに機能させていくのか，その戦略的枠組みはどのように構築すべきなのか，価値共創という概念を活かした

プラットフォームの事業戦略はどのようなものかを明らかにしていくことが，本章の目的である。

サービスイノベーション論の背景

　サービスイノベーション論は，2004年の米国競争力評議会の *Innovate America*（通称パルミサーノ・レポート）でサービス・サイエンスが言及され，サービス分野の研究開発が注目されたことがきっかけとなっている。サービス・サイエンスについて，日高・水田（2006）は，「サービスイノベーションには，技術イノベーションと社会－組織のイノベーション，ビジネスイノベーション，需要のイノベーションの四つの要素が必要だと考えられている。そのため，大学においても既存のある学科で閉じた研究を行うのではなく，理工学，社会学，経営，マーケティングなど広い分野が融合した新しい学問領域，すなわち，サービス・サイエンスが必要となってくる」と定義している。日本でも，サービス産業のイノベーションと生産性に関する研究会（2007）のレポートが呼び水となり，人材育成プログラムの開発をはじめ，多くの大学等でさまざまな研究が進められている。

　また，旧態依然たる業界に起業家精神を発揮し，新しい顧客価値の創造に挑戦したサービスイノベーションの実証研究に藤川・ケイ（2006）がある。マーケティング・マネジメント，オペレーションマネジメント，人的資源マネジメントの3つの基本機能を同時統合的に管理する「サービス・プロフィット・チェーン」のフレームワークから，サービスイノベーションの機会発生論理を分析している。また，ベンチャーに着目した前田（2007）は，インターネットを活用し顧客と直接取引するビジネスモデルが創出されていることを導出している。そして「インターネットで得たデジタル化された新鮮な顧客情報を容易にデータベース化することができ，データマイニング手法を駆使して効率の良い顧客サービスやプロモーション，商品開発に活用している」と分析している。さらに，「2005年以降インターネットはいわゆるWeb2.0世代に入り，ベンチャー企業や一部の先進的大企業を中心としてブログやSNS，インターネット口コミ等高度なインタラクティブ機能を活用した新たな領域に入りだしている」とし，「顧客を巻き込んだ新しいプロ

シューマ経済社会が形成され，更なる生産性向上や新市場創出が期待される」と予想している。

(2) 顧客との関係構築による価値共創

サービスの特性と顧客との関係構築

　顧客との関係構築は，Kotler and Keller（2006）によると，顧客価値，顧客満足，顧客ロイヤルティの一連の行為を通じて創造されてくるものである。顧客に満足してもらう取引行為は，もの・財であれば可視化できることから判断がつきやすいが，サービスの取引はとかくわかりにくい。

　サービスの特性は，非貯蔵性（貯蔵できない・在庫できない），無形性（形がない），一過性（終わると消えてなくなる），不可逆性（元に戻せない），そして，認識の困難性（把握しにくい）である。井原（1999）はこのサービス特性から，①時間・空間における需給のミスマッチ，②需給両者の協働（生産過程への顧客の参加），③サービス自体の流通困難性，④多様な価格形態が市場特性であるとしている。

　このサービス取引における顧客と企業の協働，サービス生産への顧客の参加に着目し，サービスイノベーションの基本要素とする「価値共創」に注目が集まっている。サービス・ドミナント・ロジックである。

サービス・ドミナント・ロジックの問題提起

　Vargo and Lusch（2004）のサービス・ドミナント・ロジック論は，マーケティング理論研究において，無形性（インタンジブル），特に，知識やスキルの交換をいかに扱っていくかとういう問題意識から論じられている。これからのサービス研究では，無形性，交換プロセス，関係性が重要なファクターとなるからである。その交換システムでは，オペランド資源とオペラント資源があるという。オペランド資源は，生産のオペレーションで使用される資源で，財中心の論理展開からなり，市場セグメント，市場深耕，プロモーションによって顧客に低コストで価値を提供する。オペラント資源は，企業活動で経年的に蓄積された知識やスキルで，コア・コンピタンスとなる能力を，他のチャネルやネットワーク・パートナーと調整しながら，組織学

習，組織間連携していくものと規定している。このオペラント資源は，これからのマーケティング活動で競争優位性を確立していく原資となるとみられている。なぜなら，顧客に焦点があるマーケティングは，顧客とのコラボレートと学習プロセスにあり，"co-create"（価値共創）が基本となってくるからである。

　サービス・ドミナント・ロジックでは，これまでの伝統的な財中心の論理から，サービス主導の論理に移行していくことが強調されている。基本的な交換単位は，オペランド資源が中心の交換から特定のコンピタンスまたは知識とスキルのサービスを得るためのオペラント資源を単位とした交換に移行する。顧客の役割は，顧客をセグメントし深耕し配分しプロモートするマーケティングによって受け取る財の受取人から，顧客との関係性のプロセスを重視したマーケティングにおいて顧客はサービスの共同生産者の役割に移行していく。そして，価値の決定要因は，生産者によって作られる交換価値から，使用価値を反映して顧客によって決定されていく。企業と顧客との関係性も，顧客は資源の交換を担うものから，顧客は継続的な知識とスキルの交換と共同生産に携わる関係性に変わっていく。

図表4-1　サービス・ドミナント・ロジックの特性

	伝統的な財中心の論理	サービス・ドミナント・ロジック
基礎的交換単位	オペランド財中心の交換	特定の知識スキルの交換
財の役割	財はオペランドな資源	財はオペラントな資源の仲介
マーケティングの役割	顧客は財の受取人で，マーケティングは顧客をセグメントし浸透させプロモートする	顧客はサービスの共同生産者でマーケティングは顧客との関係性のプロセス
価値の決定要因	価値は生産者によって造られ交換単位となる	使用価値にもとづいて顧客によって決定される
企業と顧客との関係性	顧客は資源の交換を担う	顧客は継続的な交換と共同生産に携わる
経済成長の源泉	有形資源の余剰価値	専門化した知識スキルの活用と交換

（出所）　Vargo and Lusch（2004）。

価値共創の基本となる専門化した知識・スキルの交換

　無形性（インタンジブル）の性格を知るためにはインタラクションと関係性に注視し，企業と顧客の反復的な学習プロセスを通じてサービス価値の最大化を図っていくという価値共創のメカニズムが交換システムの基底を形成する。このため，これまでの機能的な生産指向モデルから，リレーションシップ・ベース・モデル，関係性ベースのモデルにビジネスモデルも変えていく必要があると強調されている。そこでのマーケティングの役割は，コミュニケーションをより重視することで，継続的なコミュニケーション・プロセスまたは対話能力を開発することが常用となってくるという。情報，知識，スキルのような無形資産を対象としたサービスのマーケティングでは，相互コミュニケーション，連結，継続的な関係性が重要なキーワードとなってくる。

　このようなサービス・ドミナント・ロジックによる新しいマーケティングは，サービスイノベーションの新機軸ともなって注目が集まっている。前田（2007）のブログやSNS，インターネット口コミ等高度なインタラクティブ機能の指摘も，サービス・ドミナント・ロジックで強調される価値共創と同義である。

　また，「コア・コンピタンス経営」を提唱したPrahaladも，Prahalad and Ramaswamy（2004）において価値共創を強調している。これからのイノベーションを導いていく行動原理ともなりうるものであり，価値共創を軸としたサービスイノベーション，「価値共創のイノベーション」が今後一層問われてくるとみられる。

❷ プラットフォーム公開モデルの特質

(1) プラットフォームを公開する経営行動

サービスイノベーションを誘引するプラットフォームの公開

　ものづくりの現場でのプラットフォームは，原材料の調達からアフターサービスまでのサプライチェーン・マネジメントが代表的である。サプライ

ヤーとの生産管理，物流管理，在庫管理から，出荷管理，在庫管理までの一連のプラットフォームである。このプラットフォームの目標は，在庫削減や納期短縮といった業務プロセス全般に及ぶコスト管理を適正にコントロールするためのシステムとして普及している。生産システムのモジュール化が進んでいるので，それに適したサプライチェーンのプラットフォームが構築されている。

また，顧客管理システムとしてのCRM（カスタマー・リレーションシップ・マネジメント）も，顧客情報の管理・分析から営業支援，販売促進まで，幅広くプラットフォームとして企業内で整備されている。先のパナソニックの経営改革でも，家電営業の抜本的な組織改革とともにCRMを組み直している。また，コンピュータ普及の初期の段階に導入された花王のエコーシステムは，顧客からのクレーム情報などを営業の現場から中央研究所まで情報共有するプラットフォームとして大きな役割を担ってきたことはよく知られたところである。

ものづくりにおけるプラットフォームは，サプライチェーンや顧客管理で一般的になっているが，顧客からの直接的な受注プラットフォームを公開する経営行動が普及し始めている。メカニカル部品や金型用部品などの代表的メーカー，ミスミはWeb Order Systemという受注プラットフォームを公開していることで知られている。そのプラットフォームには，社内で作成した部品表を公開し，カタログ型番の情報共有化を進めて，リピート注文などをしやすくしている。このようなプラットフォームを公開する経営行動は，プラットフォームの標準化，デファクトスタンダードになるようにプラットフォームを構築する経営行動である。

プラットフォームの公開はネットワークの拡大

プラットフォームを公開することで，受発注業務を効率化し標準化を獲得する行動は，ネットワークそのものを拡大することにもなる。この標準化は，顧客が入っていきたい環境を用意するものであり，それによってネットワークが拡大できるからである。

そして，ネットワークを拡大することは，需要を高め，規模の経済を追求

することにつながり，プラットフォームの模倣障壁を規模の経済性から確立できる。プラットフォームを公開するという行動はとかく模倣されやすいと考えられがちであるが，需要における規模の経済性を働かすことができれば，逆に模倣障壁をつくりやすいことにもなる。だからこそ，標準化が指向されることになる。

このように，プラットフォームの公開は総じてマーケティングに有効な戦略である。そのマーケティングに価値共創の考え方が結びついたところに，プラットフォーム公開モデルの戦略的意義がある。本章では，プラットフォーム公開モデルにおける価値共創の戦略的枠組みを論証していくこととする。

(2) 価値共創のプラットフォーム公開モデルとその特質

価値共創のプラットフォーム公開モデル

ものづくり企業のマーケティングにおいて，サービス・ドミナント・ロジックの考え方による価値共創を伴ったプラットフォーム公開モデルが注目されている。プラットフォーム公開モデルは，プラットフォーム事業者がプラットフォームを公開し，事業創造を図っていくモデルである。

プラットフォーム公開モデルは，顧客価値の創造に寄与する事業モデルとしてプラットフォームを公開し，価値共創戦略を展開することである。公開されるプラットフォームは顧客に魅力的な価値創造をもたらすものでなければならないばかりでなく，競争力のある技術等で裏打ちされてなければ差別化を図ることはできない。その価値共創は，専門化した知識・スキルの交換が基本となる。顧客はこの専門化した知識・スキルのオープン化によって，高い顧客満足度を得ることができる。

顧客満足度を高めることによって，継続的な顧客関係性を築くことはマーケティングの基本である。このようなリレーション能力を組織として高めることが良い循環をもたらし，よりよいサービスを提供するプラットフォームとなることが，プラットフォーム公開モデルの構造である。

図表4-2　プラットフォーム公開モデルの構図

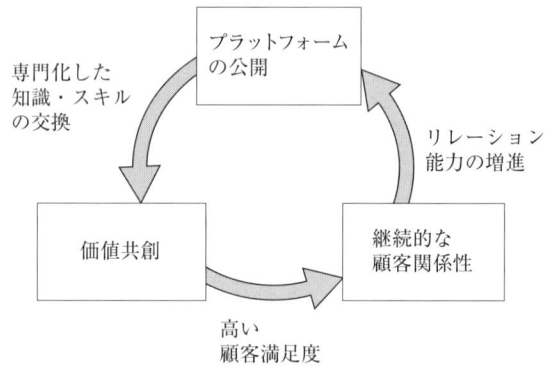

（出所）筆者作成。

図表4-3　プラットフォーム公開モデルの特質

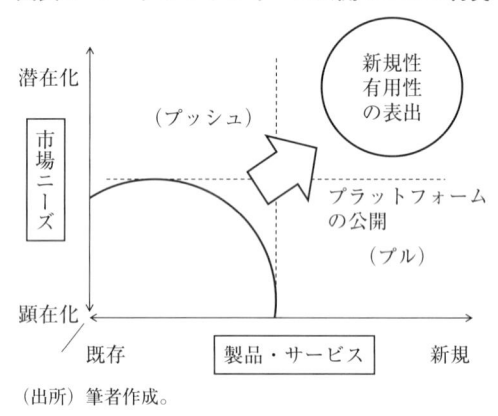

（出所）筆者作成。

プラットフォーム公開モデルの特質

　プラットフォームを公開することで継続的な顧客関係性を築いていくマーケティングは，専門化した知識・スキルの交換による価値共創が基本である。ただし，顧客がその製品・サービスに新規性と有用性を高く認めるものでなくては価値共創は受け容れられない。この新規性と有用性が評価されてはじめてイノベーションが創発されてくるからである。

　プラットフォーム公開モデルの特質は，新規性と有用性が身近に感じられるプラットフォームとして顧客が評価してはじめて市場でポジションを得る

ことができるものである。その評価の基準となるのが専門化した知識・スキルの交換による価値共創である。顧客が一からトライしたら莫大な時間と費用がかかってしまうものを専門的に標準化したツールで処理する利便性が訴求できれば，プラットフォームは加速度的に普及するところとなる。

❸ プラットフォームの公開による事業革新の事例

(1) 事例抽出の視点

ものづくり分野での事例抽出

　デジタル情報流通に関連した分野では，マーケティング支援と取引・決済支援のプラットフォームを公開する経営行動が少なからずある。Windows Media Playerは無料でダウンロードでき，好きな音楽の編集のプラットフォームとなっているように，マーケティング支援に有効なソフトウェアである。同様に，アップルのiTunesは音楽コンテンツの取引流通で幅広く普及している。

　ものづくり系のプラットフォームでは，ミスミのWeb Order Systemのような取引・決済支援型のプラットフォームも少なからず多い。一方，ものづ

図表4-4　プラットフォーム公開の事例抽出の視点

	デジタル情報系	ものづくり系
マーケティング支援	Windows Media Player Apple iTunes	分析対象
取引・決済支援	iTunes Store NTT Docomo iモード	ミスミ WebOrderSystem

(出所) 筆者作成。

くり企業が直販する行動が少ないように，マーケティング支援型のプラットフォームはあまり多くない。しかし，これからのものづくり分野では，顧客に密着したニーズに応えることのできるマーケティングのウェイトが高まり，サービス指向が一段と強まってくる。とりわけ，生活の質を重視したライフスタイルが高まるほど，特注品のものづくりのように，直接消費者がオーダーしてくることも多い。

　そこで，事例として，ものづくり系のプラットフォーム公開モデルをビジネスモデルとしている企業，広島のアスカネットを対象として事例分析することとしたい。当初は写真館だったが，写真市場がデジタル化する傾向が高まりいち早くデジタル写真のプラットフォーム構築に成功した企業である。

アスカネットを取り上げる理由

　アスカネットを事例とするのは，プラットフォーム構築とその業態に着目するからである。アスカネットは，写真集印刷の工場生産ラインを有したメーカーであり，ものづくり企業である。しかし，一方で情報処理サービス企業でもあり，サーバー運営会社でもある[2]。工場生産機能に情報通信技術機能が高度に複合化した姿は，これからの日本のものづくり企業の将来の姿を暗示するかのような業態である。

　また，創業して15年程度で成長軌道を大きく描くところまで成長した企業であり，そこでのビジネスモデル構築を観察するのに適していることも事例とする理由にある。業績も一貫して成長している。

(2) 事例企業の成長プロセス

アスカネットの企業概要

　【本社所在地】　広島市安佐南区祇園3丁目28番14号
　【創　業　年】　平成7年
　【上　場　年】　東京証券取引所マザーズ　平成17年
　【資　本　金】　490,300千円（平成21年4月期）
　【事　　　業】　遺影写真等画像処理・個人向け写真集の作成

【売　上　高】　4,505,798千円（平成21年4月期）
【従業員規模】　256人

アスカネットの成長プロセス

アスカネットは，1995年に遺影写真を中心とした画像処理および通信出力サービスを目的に広島で創業した。情報通信技術（ICT）を高度に活用したサービス指向のベンチャー企業である。2005年東証マザーズに上場している。主力事業の遺影写真サービスの全国シェアは約30％近くまで達しており，メモリアルデザインサービス事業として同社の安定的な事業基盤となっている。そのメモリアルデザインサービス事業は，葬儀社や写真館約1,610社との間にネットワークを構築し，葬儀に使用する遺影写真を合成・加工し配信するサービスで，年間約25万枚を提供している。

もう1つの事業が，個人向け写真集製作サービスからなるパーソナルパブリッシングサービス事業である。メモリアルデザインサービス事業が順調に拡大し収益基盤が固まりつつあった2000年に事業化し，その後着実に事業拡大した。1冊からの本格的写真集をインターネットで受注し製作するサービスに加え，その他にも約4,500社の写真館から受注製作しており，月間約

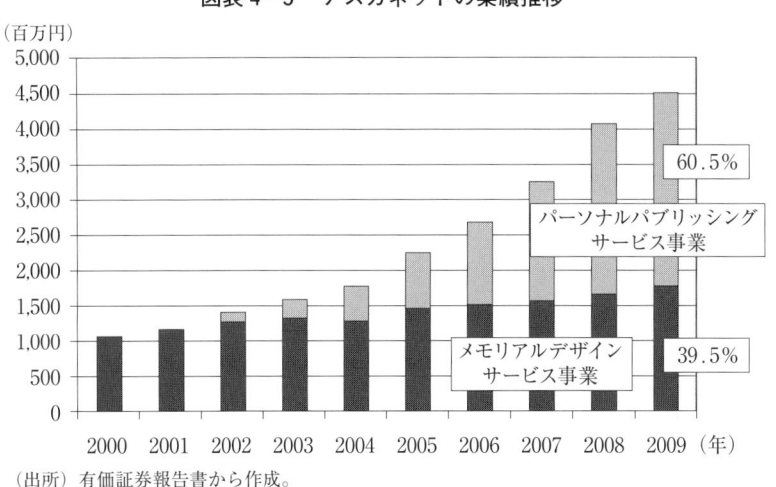

図表4-5　アスカネットの業績推移

(出所) 有価証券報告書から作成。

第4章　価値共創のプラットフォーム公開モデル　　77

35,000冊の写真集が製作されている。

2009年決算期の売上高45億円のうち，パーソナルパブリッシングサービス事業が60.5％，メモリアルデザインサービス事業39.5％の事業構成となり業容が安定してきている。いずれの事業も先行者優位が築かれており，ビジネス創造の革新性が発揮されている。

この2つの事業の絶妙なバランスがアスカネットの経営基盤の特色である。メモリアルデザインサービス事業は，遺影写真が中心だから，高齢者が急増するとはいえビジネスが大きく急拡大するものではない。ストック型のビジネスと同社で位置づけているように安定的な収益基盤である。一方のパーソナルパブリッシングサービス事業は，1冊から受注するという写真集の製作で，アマチュアからプロまで，しかも海外まで事業展開している。

(3) 事業創造の革新性とビジネスモデル

事業創造の革新性

福田幸雄社長は，東京でのファッションビジネスに失敗したのち，広島に戻り，飛鳥写真館を開業した。コンピュータによるデジタル画像処理で不具合が生じた写真を修整する技術を習得しているうち，遺影写真へのニーズが多く寄せられるようになった。暗室で写真から切り貼りする手間のかかる作業はつらく，遺影写真の注文は休日であろうと関わりなくいつくるか予想できないうえ，短時間で仕上げなくてはならない。当時積極的に遺影写真を手掛ける写真館はなかった。デジタル合成やレタッチの画像処理のノウハウを蓄積するうち，飛鳥写真館に頼めば遺影写真をきれいにしてくれるという評判が葬儀社の間に高まり，広島に20数社ある葬儀社の遺影写真需要の大半を握るまでになった。しかし，広島周辺の（オートバイで）集配可能な商圏に取引先が限られるという制約があった。

遺影写真等写真画像のデジタル加工サービスを全国展開するために着目したのが，顧客先（葬儀社など）にコンピュータ・スキャナ・プリンタなどから構成する専用端末機器を設置し，加工前写真の取り込みから加工済み写真のプリント出力までを通信回線を通じて，フルリモートコントロールする技術であった。新聞社が使っていた画像通信の技術に着目したという。顧客は

写真を専用端末にセットするだけである。ここにメモリアルデザインサービス事業の革新性がある。価格も平均価格が1万5,000円だったところを5,000円に設定できた。葬儀の時間制約のもとで，万が一専用端末が故障した場合に備えて，全国10カ所のメンテナンスサポート拠点を設置し，いつでも迅速に機器の交換ができる365日サポートの体制も構築されている。故障連絡から30分以内に代替機を届けることができるという。

この事業の革新性を成り立たせたのが知識・スキルの交換からなるコア・コンピタンスである。遺影写真等画像デジタル加工サービスのコア・コンピタンスは，画像加工ノウハウとデジタル技術の知識にある。その加工ノウハウ・スキルは経年的に蓄積されコア・コンピタンスとなった高品質の加工技術である。加工前写真は小さなものも多く，拡大ノウハウが必要である。また，喪家の意向によって着物を洋装や和装に着せかえる際，自然な感じに仕上げる粒子の質感調整，顔の向きと体の向きの調節，顔の大きさのバランスや首の仕上げ・絵画的表現など，広範囲に及ぶ特殊な画像加工ノウハウが培われた。

価値共創のビジネスモデル

また，個人向け写真集製作サービスなど，パーソナルパブリッシングサービス事業においても，ビジネスの革新性がある。当事業は，「写真撮影→プリント→アルバム」から「デジタルカメラ撮影→インターネット→写真集」[3]というデジタルカメラからの新しいアウトプット手法を提案するものだという。タレントの写真集が書店で売れているのに着目し，個人でも写真集のニーズが潜在的にあると確信したところから事業創造したという。「自分だけの写真集を1冊から提供」がビジネスコンセプトである。一般の印刷なら最低ロットが500冊であることから，業界の常識を打ち破ったことになる。

当事業のコア・コンピタンスは，「特殊なオンディマンド印刷によって作成される印刷画像のクォリティーの優位性」にあるという。高度なカラーマネジメント技術や当社印刷機専用のカラープロファイル（光の3原色（RGB）から構成される画像データを印刷用インキの4色（CMYK）に変換するプログラム），高い品質安定度を実現するオンディマンド印刷制御技術，

使用用紙の表面処理技術などの高い技術力とともに，品質や納期確保のための写真のデータ化・画像処理・画像用サーバー運用・印刷・製本までのすべてを運用するノウハウが培われている。これらをトータルにコーディネートできる企業はなく，新規参入を防ぐ障壁になっているという。開発途中で一番の難関は，カラーマネジメント技術であった。解決のヒントを求めるうち，その第一人者が京都にいることを知ると，すぐに駆けつけて技術協力を得ている。

サービス提供する市場は，写真館などのプロフェッショナル写真市場（結婚式・ブライダルなど），写真を趣味とする高レベルの愛好家市場，一般ユーザー向け市場である。プロを対象とする高レベルの写真で知られる，アメリカのプロのフォトグラファーの団体 PPA から，2005年に Hot 1 アワードを受賞している。

このようなアスカネットのビジネス創造では，既存の常識・通念を打破する革新性が最先端の情報通信技術などのアプリケーションによってもたらされている。写真文化を創造するサービスイノベーションを実現したものである。

(4) プラットフォーム公開の端緒と事業機会

無在庫・受注生産を原点としたプラットフォームの公開行動

アスカネットの経営理念は，「撮影した後のフォトイノベーション，新しい写真文化の創造」であり，次の4つを経営の基本に挙げている。

　①ユーザーと感動を提供でき，付加価値が高い
　②無在庫・受注生産
　③ストック型
　④流行で無く文化である

「ユーザーと感動を提供」という意味は「お客様に価格の数倍の感動を与えること」としているように，顧客価値の創造を起点にビジネスドメインを描いている。そして，サービス主体の在庫をもたない受注生産に徹している。創業者が若いころアパレル事業で在庫を抱えすぎて倒産した苦い経験があるからである。このことが原点となって，プラットフォームを公開するビジネスモデルが志向されている。

遺影写真サービスのワンサイド・プラットフォーム

　遺影写真サービスのメモリアルデザインサービス事業では，顧客である葬儀社等が真の顧客である喪家のニーズをくみ取り，専用端末を介して，葬儀社とリモートしながらサービス生産をしている。顧客の葬儀社は，原写真を専用端末に載せて仕様を決め，加工写真を受信して額装等をする。顧客の葬儀社は，このサービス供給における価値共創に携わっていることになる。専用端末はモニターで，広島からISDNを回線としてリモートでスキャニングするものである。専用端末機器は全国で1,610件設置されている。そして，顧客の葬儀社に設置した専用端末機器がビジネス創造のプラットフォームとなっている。このプラットフォームは，写真合成技術を売っているものだという。そのためのオペレータ教育が重視され，高い技術力が参入障壁を築いているとのことである。

写真集編集サービスのワンサイド・プラットフォーム

　パーソナルパブリッシングサービス事業では，それ以上に，価値共創への顧客の参加は比重が高く，むしろ顧客主導の事業となっている。一般ユーザー向け市場でみると，顧客は予め写真集専用ソフトMy Book Editorをダ

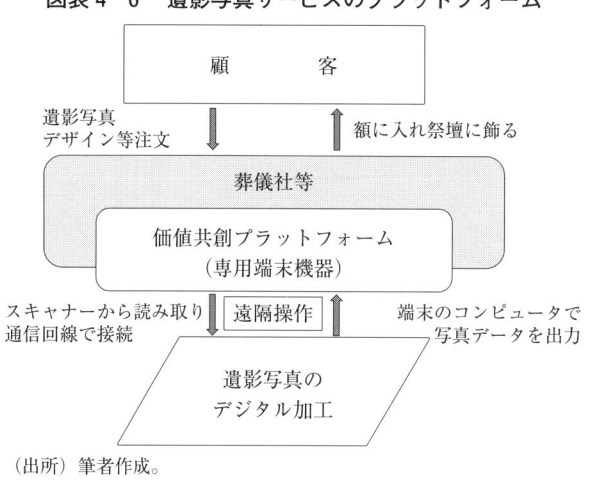

図表4-6　遺影写真サービスのプラットフォーム

```
          顧　　　客
  遺影写真          ↓↑   額に入れ祭壇に飾る
  デザイン等注文
          葬儀社等
      価値共創プラットフォーム
       （専用端末機器）
  スキャナーから読み取り  ↓↑   端末のコンピュータで
  通信回線で接続  遠隔操作   写真データを出力
          遺影写真の
          デジタル加工
```

（出所）筆者作成。

ウンロードしておき，自分がデジタルカメラで撮影した写真をMy Book Editorでレイアウトし，写真集のデザインを決めて発注する。ページの背景の色や模様，写真の大きさや位置，文字の挿入や装飾などを顧客自身がデザインしていく。写真の枚数などから，発注する時点で価格・コストも自ら算定できる仕掛けである。このような発注に顧客が携わることによって，サービスに不透明な無形性，不可逆性，そして，認識の困難性（把握しにくい）を回避するばかりでなく，品質と価格についても予め納得できる構造となっている。写真集は51種類，最大80ページと多品種となっている。

　写真集製作専用ソフトMy Book Editorは，遺影写真サービスが軌道に乗った後1年半かけて開発されたもので，最大の特徴は，備え付きのテンプレートに自分が撮影した写真を並べ替えるだけで簡単に写真集のデザインやレイアウトができることにある。通常の画像編集ソフトなら丸1日かかる作業を30～40分にまで短縮でき，クリックするだけで発注が可能になる。このような顧客が価値共創に携わる過程で，専用ソフトMy Book Editorは価値共創のプラットフォームとなっている。顧客がオープンに自由に出入りし（ダウンロードの行為），価値共創の作業に携わるプラットフォームである。アスカネットがこの価値共創プラットフォームというビジネスモデルをサービス市場でオープンにしたところに，サービスイノベーションの成功要因がある。

　オープンイノベーションを提唱しているChesbrough（2006）は，ビジネスモデルのオープン化によって，イノベーションのコストの削減，市場投入期間の短縮化，他者とのリスク共有の可能性の提供といった優位性が確保できるとしている。専用ソフトMy Book Editorのオープン化は，まさにコスト削減，リードタイムの短縮化，顧客（プロの写真家含めて）とのリスクの共有で競争優位性を築いている。

　このような価値共創プラットフォームをオープン化するためにも，アスカネットはサービス品質や納期などを保証しうる技術やノウハウなどのコア・コンピタンスを時間をかけて蓄積していかなければならなかった。そのコア・コンピタンスは，画像レイアウトデザインの専用アプリケーション開発，サーバー内自動組版プログラム，カラーマネジメントなどの独自の最先

図表 4-7　写真集編集サービスのプラットフォーム

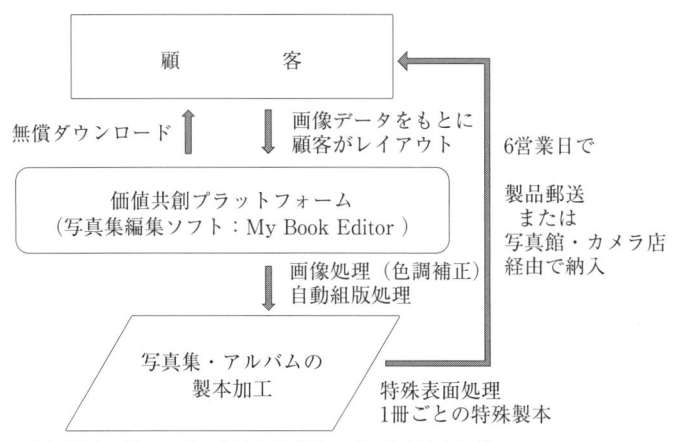

```
           ┌─────────────────────┐
           │    顧       客      │◄──────┐
           └─────────────────────┘       │
         ▲          │                    │
無償ダウンロード │   画像データをもとに       │ 6営業日で
         │          ▼   顧客がレイアウト    │
           ┌─────────────────────┐       製品郵送
           │  価値共創プラットフォーム  │      または
           │(写真集編集ソフト：My Book Editor)│  写真館・カメラ店
           └─────────────────────┘       経由で納入
                      │ 画像処理（色調補正）
                      ▼ 自動組版処理
           ╱─────────────────────╲
          ╱   写真集・アルバムの      ╲──────┘
         ╱       製本加工             ╱
        ╲─────────────────────╱   特殊表面処理
                                    1冊ごとの特殊製本
```

（注）図は一般ユーザー向け中心だが、プロ等向けも同様。
（出所）筆者作成。

図表 4-8　プラットフォームのダウンロード数

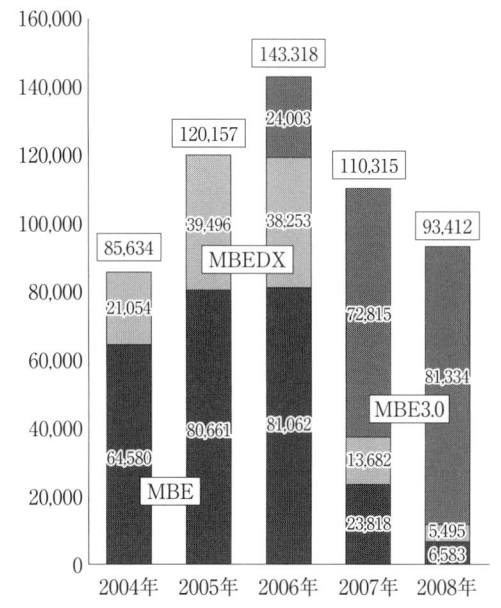

年	MBE	MBEDX	MBE3.0
2004年	64,580	21,054		(計 85,634)
2005年	80,661	39,496		(計 120,157)
2006年	81,062	38,253	24,003	(計 143,318)
2007年	23,818	13,682	72,815	(計 110,315)
2008年	6,583	5,495	81,334	(計 93,412)

（注）MBE は My Book Editor で他はバージョンアップの名称。
（出所）アスカネットの決算説明資料から作成。

第 4 章　価値共創のプラットフォーム公開モデル　　83

端技術や数パーセントのグレーを忠実に再現するプリンティング技術，写真集の表面処理技術，1冊だけの製本を大量に生産する工場ラインのノウハウであった。

プラットフォーム公開の端緒と事業機会

　アスカネットのビジネスモデルの特色は，2つの異なる事業領域のいずれでもプラットフォームを公開しているところにある。そのいずれも，専門化した知識・スキルの交換による価値共創を追求するプラットフォームで，特色のある新市場を創造している。

　遺影写真サービスは，専用端末機器がプラットフォームで，このプラットフォームをフルリモートコントロールしサービス提供している。葬儀社や喪家は微修正加工されたデジタル合成写真を受信するだけで，原写真から得られない質感調整された価値を得ることができている。この専門化した知識・スキルを端末機器のプラットフォームを介して得ている。この価値共創の一連のプロセスが全国シェア30％という高いシェアを獲得している源泉となっている。このプラットフォームを公開した端緒は，遺影写真の画像処理を手掛け広島都市圏の市場で大半のシェアを獲得したとき，それまでのオートバイでの配送には市場拡大の限度があったことから新聞社が採用していた情報伝送システムに着目したからである。物流費（時間を含む）を省き効率的な配送システムがプラットフォーム公開の端緒となっている。

　写真集製作サービスでは，My Book Editorというソフトウェアがプラットフォームとなっている。そこでの価値共創のプロセスは次のような特色がみられる。

　①利便性を高めるフォーマット化したプラットフォーム
　②自動組み版と編集をセットにすることによる人件費発生の抑止
　③パソコン画面に現われる文字情報を位置情報に変換することで顧客からのクレームを削減
　④ソフトウェアが色を出すカラーマネジメント
　⑤品質への許容範囲を認めないユーザーへの高色彩処理技術（例：雪が降るなかの白うさぎ，南天の色など）

図表4-9　プラットフォームによる専門化した知識スキルの交換

獲得した新市場		遺影写真サービス	写真集製作サービス
プラットフォーム		遺影写真デジタル加工 プラットフォーム 　　　（専用端末機器）	写真集編集プラットフォーム 　　　（ソフトウェア）
専門化した知識スキルの交換	交換主体	葬儀社（喪家の仲介）	デジタル写真をもつ個人・団体
	交換プロセス	葬儀社に設置した専用端末をフルリモートコントロールで原写真を高品質加工処理し短時間処理	写真集編集ソフト My Book Editor をダウンロードし写真集レイアウトに編集したい写真をはめ込み発注
	専門化した知識スキルの要素技術	高品質加工技術 デジタル合成（喪服など），レタッチ 微修正加工 質感調整	カラーマネジメント技術 自動組み版技術 写真集表面処理技術

(出所）筆者作成。

　このような厳しい品質へのこだわりがプラットフォームによる専門化した知識・スキルの交換を可能としている。いずれも写真文化を追求するなかで新市場を創出するエンジンとして，プラットフォーム公開モデルが機能している。

　このプラットフォームの公開の端緒は，「自動組み版と編集をセットにすることによる人件費発生の抑止」というオペレーション・コストの削減をユーザーが価値共創の作業に携わりながら実現している。物流費とオペレーション・コストの削減が，プラットフォームの公開の端緒となっている。

❹　ワンサイド・プラットフォームの競争力とその成長基盤

(1)　マーケティング・チャネル構築の組織学習

マーケティング・チャネル構築の組織学習

　メモリアルデザインサービス事業とパーソナルパブリッシングサービス事業を展開するアスカネットは，価値共創プラットフォームのビジネスモデルをオープンにするというイノベーションを実現をしているが，それだけで全

国レベルでのマーケティングが展開できるものではない。メモリアルデザインサービス事業は葬儀社・写真館など法人営業のきめ細かなルート開拓を積み重ねることにあるが，パーソナルパブリッシングサービス事業はセグメント化された市場ごとのマーケティングに加えて，インターネット空間における個人を対象にしたマーケティングを深耕する必要があるからである。

このため，アスカネットは，写真館などを対象とした自社主催セミナーなどを各地で開催し，全国4,500社の写真館とのネットワークを築いているほか，プロの写真家が集まる各種の展示会へ積極的に出展している。東京・青山にショールームまで設置している。しかし，それでも自社だけでサービスの認知度を高めていくには限度がある。

アスカネットは，2005年の東証マザーズへの上場を機に，サービスの認知度を高めるため，このマーケティング・チャネルの開拓を加速している。そのマーケティング活動は5つのチャネルづくりに向けられている。写真集を作製するというニーズは，特定のセグメント化されたマーケットに深く眠っているものであるから，その掘り起こしには木目細かなチャネル構築が欠かせないからである。

第1のチャネルは，店舗ネットワークである。店舗での見本展示と店舗での発注へのニーズに応えるため，全国に約560店舗ある大手カメラ店チェーンと提携した。店舗側は，アートブックという新たなサービスラインアップが加わり，写真愛好家に新しい写真表現手法を告知できるメリットがある。第2のチャネルは，広告写真・商業写真マーケットへの販路拡大のために，デザイナー・広告代理店・フォトグラファーなどとの業務ネットワークがある広告写真・デジタル画像制作会社との提携であった。第3のチャネルは，大量の写真画像の保存サービスを提供している事業者との提携である。その1つが，ブロードバンドサービスを提供する複数のプロバイダーとの提携であった。いずれのブロードバンド事業者も顧客に2GB（写真保存量約5,000枚）程度の保存サービスを行っていることから，顧客の写真集製作ニーズを引き出すことができる。もう1つが，写真好きが集まるコミュニティサイトとの提携である。会員数約20万人の国内最大級の写真・動画共有サイトでは，会員は無料で大量の写真画像をアップロードして保管することができ

図表4-10 需要を高める販路拡大の組織学習

（マーケティング・チャネル）	媒体	（潜在的顧客層）
カメラ店チェーン（560店の店舗網）	写真集の見本	写真愛好家
広告写真・デジタル画像制作会社	プロ仕様の編集ソフト	デザイナーフォトグラファー
ブロードバンド接続事業者	デジタル写真のサーバー保管	インターネット利用者
写真愛好家向けコミュニティサイト	写真・動画共有サイト	20万人の会員
パソコン教室フランチャイズチェーン	写真集編集ソフトの教室	中高年の写真好き
旅行ガイドブック出版社	旅行ガイドのコンテンツ添付	旅行が好きな女性層

（出所）アスカネット社の資料から筆者作成。

る。いずれもこの保管された写真画像を選別し1冊からのフォトブックを製作するという新規販路の開拓である。第4のチャネルは，パソコン初心者で写真好きな中高年へのマーケティング・チャネルである。このため，パソコン教室フランチャイズ大手と提携し，自動アルバム製本サービスの作り方講座を開講している。そして第5のチャネルが，コンテンツホルダーとの共同企画事業の提携である。女性に人気の旅行ガイドブックを発行しているコンテンツホルダー（出版社）との提携は，旅行から帰ってきたら旅の思い出を特別なものにすることができるように，ガイド本に掲載されているかわいいテンプレートを使って簡単にフォトブックを作成できるサービスである。コンテンツホルダーのオリジナルデザインとの連携が自由にできるものにしている。

オープンイノベーションは，自社のビジネスにおいて社外の資源を最大限活用し，未活用のアイディアを他社に活用し合うことも意味している。提携先の顧客ネットワークを活用する提携行動は，このオープンイノベーション

を成り立たせるという意義もある。そして，マーケティング・チャネルについての組織学習を繰り返しながら，模倣障壁となる大きなコンピタンスを形成してきている。

水平補完性の提携行動

　成長期にあるとはいえ，単独で全国展開するマーケティング力はないから，自ずと有力なチャネルのある企業との業務提携を模索することになる。その業務提携は垂直的な結合に陥りがちである。地方の食品メーカーが巨大なチャネルを形成している流通企業のOEM生産を担うなどである。そのような垂直的な関係ではなく，相手の得意とする顧客ネットワークを活用できるような相手先にもメリットのある関係性が構築される必要がある。この関係性は，「水平補完」の提携関係である。

　これらの水平補完の提携活動は，経営資源の補完性をもたらす。Barny（2002）によれば，潜在的パートナー企業の経営資源や保有資産を統合して得られる価値が，個々の事業展開で得られる合計値よりも大きいとき，企業は戦略的提携を通じて協力するインセンティブをもつという。この補完性は，範囲の経済性そのものであり，規模の経済性の追求ができたり，低コストで新規市場や新セグメントへの参入が可能となったり，リスク管理やコスト分担ができるようになったりする。

(2)　価値共創のビジネスシステムとアクセスの調整

価値共創のビジネスシステム

　マーケティングの基本は，顧客との関係構築である。アスカネットは，マーケティング・チャネルの造成において顧客との関係性に有益なビジネスシステムを業務プロセスに組み入れ構築している。顧客との関係構築が価値共創のビジネスシステムそのものである。Kotler and Keller（2006）は，顧客との関係構築は，顧客価値，顧客満足，顧客ロイヤリティから構成されるとしている。

　顧客価値は，コストに見合ったサービス価値が提供されているか，顧客がイメージする知覚価値に応えられているかが業務プロセスに必要な要件であ

図表4-11　業務プロセスに組み入れた価値共創のビジネスシステム

顧客との関係性	業務プロセスに必要な要件	価値共創のビジネスシステム
顧客価値	・コストに見合ったサービス価値 ・顧客がイメージする知覚価値	・顧客の経験・学習を組み入れた価値の共創 ・プラットフォームの公開によるサービスイメージの把握
顧客満足	・顧客の期待に添う知覚パフォーマンス 　（明確な購買決定プロセス） ・顧客が理解しやすいサービス品質	・最終的なサービス・イメージと品質が描きやすいビジネスプロセス ・価値共創のビジネスプロセスを通じた分かりやすい価格構成 ・高度に教育訓練された従業員のスキルと全社的なトータルクォリティ管理
顧客ロイヤリティ	・顧客との強力な絆の形成 ・顧客の勧誘，維持，育成	・適時適切なメールマガジンの配信 ・納期・発送情報の適切な案内と無料のデータ保管サービス

（出所）Kotler and Keller（2006）と企業インタビューをもとに筆者作成。

る。これに対して，購入した写真集のレビューへの書き込みなど顧客の経験・学習を組み入れた価値の共創やプラットフォームの公開によるサービスイメージの把握を造成するなど，価値共創のビジネスシステムそのものを業務プロセスに組み入れている。

　顧客満足は，顧客の期待に添う知覚パフォーマンスが得られているか，顧客が理解しやすいサービス品質となっているかに応えられるものでなくてはならない。アスカネットの My Book Editor のようなプラットフォームを通じて，最終的なサービスイメージと品質が描きやすいビジネスプロセス，価値共創のビジネスプロセスを通じたわかりやすい価格構成，高度に教育訓練された従業員の対応など全社的なトータルクォリティ管理がビジネスシステムとして組み入れられている。

　そして，顧客ロイヤリティは，顧客との強力な絆の形成，顧客の勧誘，維持，育成からなるが，会員顧客への適時適切なメールマガジンの配信などリピートしやすい購買プロセスを提供するなど，業務プロセスのなかに価値共創のビジネスシステムを組み入れている。

プラットフォームへのアクセスの調整

　プラットフォームへのアクセスを高めることが写真集製作サービスの利用を増加させることになることから，My Book Editor を使う環境をいかに整えるかが問われてくる。顧客との価値共創のためのビジネスシステムばかりでなく，プラットフォームへのアクセスを増勢するための仕掛けも用意されている。Photo Get というプログラムをアスカネットの HP から無料でダウンロードできる。この Photo Get は，旅行にいったときの写真を友達同士で共有し交換するための保管サービスで，5 GB まで無料で預けることができる。年間200万枚の写真が利用されているという。業務用にも Photo Get は利用されており，顧客との商品・サービスの照合に利便性が高い。

　このような無料のソフトウェアを公開することには，プラットフォームの My Book Editor への「のぞき見」客を増やすことにより，プラットフォームへのアクセスを加速するという効果を引き出すのに有効である。プラットフォームへのアクセスの調整はこのようなフリーの顧客を増やすことも意味しており，そのアクセス調整により真の顧客を誘導することができる。

(3) プラットフォーム公開の模倣障壁と成長基盤

プラットフォーム包囲戦略の脅威と参入障壁

　アスカネットの2つのプラットフォームは，いずれもワンサイドで構成されている。このワンサイドのプラットフォームには2つの大きな課題がある。その1つは，より大きな企業からのプラットフォーム包囲戦略にさらされる脅威があることである。アスカネットは巨大なブランド力のある写真関連企業やデジタルカメラ・メーカーからの類似のプラットフォームで包囲される危険性が十分にある。もう1つのワンサイドの課題は，競争優位性をいつまで継続できるかである。代替品による参入も脅威である。

　このようなプラットフォーム包囲戦略の脅威について，アスカネットでは模倣障壁や先行者メリットを持続させるため，次のような参入障壁を築いてきている。第1は，工程に手を加えてあえて面倒くさくするという。技術・ノウハウについてそこまでしなくともという社内の声が出るほど，利益率は技術の価値そのものだという考え方である。第2は，人材を育てるのに時間

がかかるという先行者の優位性を活かすというものである。技術習得に少なくとも5年はかかるリードタイムを意識的に活用している。第3は，Web検索やブログ書き込みが膨大になるまでのブランド形成に意を払っている。書き込み量が多くなればなるほど利用者も増加するというサイド内ネットワーク効果を活用している。その高いユーザーからの支持をもとに，新規参入企業への参入障壁を築いている。第4は，写真が存在する場面での生活スタイルをあらゆるシーンで先に先に想定するという。きめ細かなマーケティング・チャネルの構築も高い参入障壁となっている。第5は，ニッチで潜在的な市場ニーズへの細やかな対応である。端的な例がある。小規模の学校が増える中，卒業アルバムは高額にならざるをえない。写真集製作サービスを活用すれば安価で手づくりの卒業アルバムが制作できる。全国1,200校の学校で卒業アルバムにMy Book Editorが活用されているという。大手デジタルカメラ・メーカー等からのプラットフォーム包囲戦略から，自らのビジネスモデルを守るための高い参入障壁が意識的に構築されている。

ワンサイド・プラットフォームの競争優位性と成長基盤

　知識やスキルが体化した独自のビジネスシステムを構築し価値共創イノベーションを展開するためには，いかにすればその競争優位性を維持しながらイノベーションの専有可能性を確保し続けることができるのだろうか。

　根来（2005）は，デジタル社会における競争優位なビジネスシステムがその差別化による持続的優位性を築くには，4つの隔離メカニズムが働く必要があると論じている。その第1のメカニズムである資源の模倣困難性は，持続的な競争優位を築く条件であり，物理的・制度的特性，先取排除性，経路依存性，現場粘着性のいずれか1つをもたなければならないとしている。アスカネットがマーケティング活動で多層的なチャネルづくりなどの組織学習を通じて培ってきたような価値共創のメカニズムこそ現場粘着性であり，ビジネスシステムのもとで差別化に貢献する差別化システムとなっている。

　さらに，根来（2005）は，「ビジネスモデルは事業活動の構造の設計図，ビジネスシステムは結果として形成される事業活動体の全体」としているが，この差別化システムを隔離しイノベーションの専有可能性を確保し続け

るためには，模倣困難性に加えて，インターネット・チャネルや口コミ活用技術などとの資源間のシステム性が確立される必要がある。また，プロを対象にした技術展示会などの活動を繰り返すなかで強力に企業イメージが形成され，他社がまねするとプロの間で極端なダメージを蒙るといった活動システムのトレードオフ性も有効となってきている。さらに，1冊からの写真集の受注（活動）が，写真集編集ソフトのオープン化（資源）との相乗的な蓄積を促している構造にこそ，専門化した知識・スキルの交換を通じた「資源―活動の循環構造性」が持続的な差別化をたらしていると考察することができる。

　このような競争優位性獲得への行動が評価され，大手デジタルカメラ・メーカーからデジタル写真集の OEM を受注するまでになっている。

❺　プラットフォーム公開モデルとサービスイノベーション

(1)　ワンサイドとツーサイドのプラットフォームの差異

ワンサイド・プラットフォームの特徴

　ワンサイド・プラットフォームは，特定の商品・サービスをユーザーに提供するプラットフォームであり，従来からの販売のプラットフォーム形態と大きく変わるものではない。そのプラットフォームを活かすのは，需要を拡大させ規模の経済性を働かせることにある。大規模な駐車場がある大型スーパーマーケットに顧客が集まる構造である。需要における規模の経済性が働くことで，ネットワーク効果が高まってくる。

　アスカネットが多様なマーケティング・チャネルを掘り起こしている行動は，この潜在需要を喚起し規模の経済性を獲得するためである。だからこそ，「写真が存在する場面での生活スタイルをあらゆるシーンで先に先に想定する」ことが重要な行為になってくる。

　もう1つのワンサイド・プラットフォームの特徴は，ネットワーク効果が働くところでは，一定のクリティカルマス（閾値）を超えると，需要は加速度的に高まってくる現象が生まれるということである。アスカネットの遺影

写真サービスが全国シェア30%を占める過程で,あるクリティカルマスを超えた瞬間があったはずである。通常受注の動きから先行きの見通しがとらえられる瞬間が認識できることがある。そのクリティカルマスを超えた(サイド内)ネットワーク効果が働いたためと考えることができる。

ワンサイド・プラットフォームのネットワーク効果を働かすことが,ビジネス創造のエンジンとなってくる。そのもとで,ユーザー基盤が拡大すればするほど利益も拡大するという収穫逓増の法則が獲得できるからである。

ワンサイドとツーサイドのプラットフォームの差異

ワンサイドとツーサイドのプラットフォームの差異をプラットフォーム上の取引行為で比較してみよう。ワンサイドでは,その取引関係は売り手による一方的な価格設定になりがちで,品切れの際など売り手から代替品で補足しようとすることが行われがちである。また,消費者も製品・サービスに不慣れなうちはなかなか購買しようとはしない。一方,ツーサイドでは,売買は売り手と買い手の情報の非対称性が顕著に生じる。iモード・プラットフォームでNTTドコモが公式サイトを認定して情報の非対称性を解消する選択をとったのはその一例である。

消費者需要は不確実であるから,品揃えを豊富にして消費者需要を喚起す

図表 4-13 ワンサイドとツーサイド・プラットフォームの取引課題の差異

	ワンサイド・プラットフォームで生じる取引上の課題	ツーサイド・プラットフォームで生じる取引上の課題
売買取引関係	売り手による一方的な価格設定 売り手の代替品による補足可能性	売り手との情報の非対称性
消費者需要の特性	消費者の製品への不慣れによる需要の低迷	消費者需要の不確実性 豊富な品揃えによる消費者需要の喚起
アクセス増大への投資	過大な効果の宣伝行動	売り手による自発的な投資行動を誘導
マーケティング行為	プッシュ型マーケティングへの偏り	売り手と消費者が直接コンタクト可能

(出所) Hagiu (2007) をもとに作成。

る行動が採られる。また，プラットフォームへのアクセスを増大させるため，ワンサイドでは過大な宣伝とプッシュ型マーケティングに偏りがちになる。ツーサイドでは，補完事業者が自発的な投資行動によって無料コンテンツや会員制など消費者とのコミュニケーションを高める相互作用を講じる。

このように比較してみると，ワンサイド・プラットフォームの事業創造は多くの課題があることになる。アスカネットは価値共創の戦略によって収穫逓増の法則を導き出し，その課題克服を図ってきたことが考察できる。

プラットフォーム拡張の機会とリスク

このようにワンサイドとツーサイドのプラットフォームの取引行為についての比較をすると，ワンサイドからツーサイドへのプラットフォームの拡張への誘因が働いてくる。事実，Amazon.com も当初ワンサイドの書店サイトであったが，Merchant @ Amazon の提携プログラムをオープンにすることでツーサイド・プラットフォームに拡張した。

プラットフォーム拡張の機会創出には，既存サイドとの親和性のあるサイド，シナジー効果が発揮できる顧客グループやアクセスが相互に高まるサイ

図表4-14　ワンサイド・プラットフォームの拡張戦略

プラットフォーム拡張の機会創出	プラットフォーム拡張リスクの分析
・既存サイドとの親和性のあるサイドの創出	・経営資源の制約、新規サイド開拓の煩雑さ
・既存顧客とのシナジー効果を高める有力な顧客グループを見出す	・新規サイドとのコンフリクト
・アクセスを相互に刺激するサイドを見出す	・馴染みのない領域での競争リスク（潜在的な競争相手との提携）
（ネットワーク効果）	（ネットワーク効果）
・サイド相互の探コストを削減するマッチング機能を拡充	・特定のサイドへの偏りによって負のネットワーク効果を発生させない
・サイド間の無駄な共通コストを縮減させる仕組みを講じる	

（出所）Hagiu（2006）をもとに作成。

ドを見出すことが有効である。セブン-イレブンがコンビニエンスストアのワンサイドから公共料金の支払い代行やセブン銀行の ATM の集客に相乗的なサイドを見出し，プラットフォームを拡張したのはその事例である。

　一方，プラットフォーム拡張のリスクもある。新規サイドを展開するうえでの経営資源の制約や既存事業とのコンフリクト，軋轢もある。狭い店舗と少ない従業員によるコンビニエンスストア事業に，高齢者向け食材の宅配事業を追加する試みも経営資源の制約が大きい。特定サイドへの偏りによる負のマイナスのネットワーク効果が生じることは避けなくてはならないことである。

(2)　収穫逓増を生み出すプラットフォーム公開モデル

収穫逓増の法則が効くプラットフォームの公開

　ワンサイド・プラットフォームは，ツーサイドへの拡張誘因が常に強く働くのだろうか。必ずしもツーサイドの方がビジネス展開で有利とはいえない。サイド間の調整の煩わしさばかりではない。サイド内ネットワーク効果が強く大きければ，収穫逓増の法則を導きやすいからである。サイド内ネットワーク効果はユーザーがそのプラットフォームを高く評価すればするほどユーザーが集まってくることだが，一定のクリティカルマスを超えると一人勝ちの現象が生まれてくる。

　このサイド内ネットワーク効果を高めるためには，プラットフォームの標準化がユーザーに認知されることが必要である。プラットフォームの標準化が広まるほど，誰でも入っていける環境になる。そのために，アスカネットはプラットフォームを公開する経営行動を選択したと考察できる。遺影写真サービスのように，仲介者としての葬儀社や写真館に標準化された専用プラットフォームを公開することが高いシェアを獲得できた要因だからである。仲介者は小さな古い原写真を端末機器に置くだけで高品質のサービスを真の顧客に提供することができるのも，標準化されたプラットフォームだからである。写真集製作サービスでは，その標準化のために，マーケティング・チャネルの掘り起こしをしているのは既述したとおりである。

第 4 章　価値共創のプラットフォーム公開モデル　　95

ワンサイドの優位性を持続させるプラットフォームの公開

　ワンサイド・プラットフォームの優位性を持続させるためには，いかなる行動が必要となってくるだろうか。Hagiu（2007）は，ネットワーク効果が働く市場でのワンサイドとツーサイドのプラットフォーム選択の基準について論証している[4]が，それによると，商品・サービスの効用が高まれば高まるほどプラットフォームを利用するユーザーが増えるというネットワーク効果に注目した経営行動に大きな差異はないが，商品・サービスの処理・配送費などオペレーション・コストがワンサイドの方が安く済むのであればワンサイドを選択する方が有利になるというものである。

　アスカネットは，「自動組み版と編集をセットにすることによる人件費発生の抑止」という視点でオペレーション・コストを削減し，フォーマット化し標準化したプラットフォームを公開したという。プラットフォームの公開は，オペレーション・コスト削減に有効であり，ユーザー，プラットフォーム事業者双方にメリットをもたらしている。

　プラットフォーム公開モデルは，物流費などオペレーショナル・コストを削減することが最適にできるプラットフォームであれば，ワンサイド・プラットフォームが競争優位性を持続し収穫逓増の法則を獲得できると考えることができる。

(3)　プラットフォームの公開によるイノベーションの創発

価値共創のプラットフォームとネットワーク効果

　マーケティングに有効なプラットフォームは，価値共創を伴うものである。その価値共創は，コストに見合ったサービス価値があるかなど顧客価値，顧客が理解しやすいサービス品質などの顧客満足，顧客との絆などの関係性による顧客ロイヤリティから構成されるが，その要素から構成されるビジネスシステムのもとでプラットフォームが構築される必要がある。

　価値共創のビジネスシステムでは，顧客の経験や学習を組み入れた相互作用のあるプロセスが組み立てられる。アスカネットが，顧客が自らデジタルカメラで撮影した写真を自分の撮影時の経験などを織り込んだデザインや編集への思いなど写真集編集システムのプラットフォームで価値共創するプロ

セスである。第2に，その価値共創のビジネスプロセスは予算の範囲を確認することができるように，わかりやすい価格システムと明確な購買決定プロセスを伴わなくてはならない。第3に，ポイント付与などによるリピートしやすい購買プロセスによって自ずとロイヤルティが高まるものになっていることも条件となってくる。

プラットフォーム公開モデルはこれらの価値共創のビジネスシステムを伴うことによって，ものづくりのベンチャーが競争力のある経営基盤を築くことができたことが検証できた。価値共創の戦略は，独自のビジネスモデルを築くことによって，プラットフォームをコア・コンピタンスにすることができ，競争優位性が確立できるからである。

顧客価値の高いイノベーションの創発

ものづくりのマーケティングを支援するプラットフォームは，ものづくりのサービス指向を導く経営資産となってくる。価値を共創するプロセスそのものがサービスの本質であるからである。

消費者自身が家族との思い出や子どもの成長記録など自分の想いを込めた，世界でたった1冊の写真集を作成できるというサービスイノベーションをアスカネットが創出したように，さまざまなビジネス領域で，サービスイノベーションが創発されてくることが期待される。

そのためには，価値共創という基本的なサービスの本質を理解し，ビジネスシステムとして組み立てるプロセスをいままで以上に再検討することを通じて，ものづくり企業が価値共創戦略を展開し，日本のものづくりのグローバルな競争力を取り戻すことを期待したい。

注
1) 伊丹・田中・加藤・中野編（2007）およびマキナニー（2007）に詳しい。
2) 社長インタビューでの会社紹介で繰り返し説明されている。
3) アスカネット社のホームページから引用。
4) Hagiu（2007）での論証の概要を以下論述する。
   複数の売り手がプラットフォームを利用して，ユーザーに n 個の商品・サービスを提供するとしたとき，

P^S ；売り手のプラットフォーム利用課金
P^C ；消費者のプラットフォーム・アクセス料金（常無料が多い）
p ；売り手の商品・サービスの価格
f ；売り手の商品・サービスの開発費用
c ；売り手の商品・サービスの処理・配送コスト

ユーザーがアクセスしてプラットフォームを通じて n 個の商品・サービスから得られる効用 $V(n)$ が線形と仮定して，

$$V(n) = v_0 + nv$$

また，プラットフォームにアクセスするユーザー数を，

$$N^C = F(V(n) - np - P^C)$$

ここで，$F(.)$ は，商品・サービスの効用が高まれば高まるほどプラットフォームを利用するユーザーが増える累積分布関数とする。

そのとき，売り手の利益は，

$$\pi(n) = pN^C - P^S - f - c$$
$$= pF(V_0 + nv - np - P^C) - P^S - f - c$$

ここで $n(v-p)$ の商品・サービスの価値が高まるほど売り手の利益も高まり，$\pi(n)$ の均衡点も複数存在するから売り手間での間接的なネットワークが働いてくる。

売り手間で正の間接的ネットワーク効果を期待するので $(\pi(n) \geq 0)$，売り手のプラットフォーム利用課金は低ければ低いほどよいことから，

$$P^S = pF(v_0 + nv - np - P^C) - f - c$$

ツーサイド・プラットフォームの全体利益は，

$$P^C N^C + nP^S = (P^C + np)F(v_0 + nv - np - P^C) - n(f+c)$$

そこで，プラットフォームのプロフィットを最大化するために，

$$\Pi_F^P = \max{}_{P^C} \{P^C F(v_0 + nv - np - P^C) + npF(v_0 + nv - np - P^C)\} - n(f+c)$$

一方，ワンサイド・プラットフォーム（マーチャント・タイプ）では，売り手をプラットフォームに引き連れてくるよりも，各売り手から n 個の商品・サービスを仕入れてきて，ユーザーに再販するだけであるから，プラットフォームにアクセスするユーザー数に関心があるよりも，売り手からの仕入れ価格に関心があるだけである。ここには，間接的なネットワーク効果が働く余地はない。

ワンサイド・プラットフォーム（マーチャント）の利益は，

$$\Pi^M = \max{}_{P^C, P} \{(P^C + np)F(v_0 + nv - np - P^C)\} - nf - C(n)$$
$$= \Pi^M - [C(n) - nc]$$

ここで，$C(n)$ は，売り手が n 個の商品・サービスを個々に処理・配送するコスト nc よりも，ワンサイドのマーチャントとして一括して処理・配送するコストである。そのとき，$[C(n) - nc] > 0$ であれば，ツーサイド・プラットフォームが選好されることになる。プラットフォームに参加する売り手が c について効率的に処理・配送コストを削減するからである。逆に $[C(n) - nc] < 0$ のとき，$C(n)$ について，規模の経済性が働いて，ワンサイドのマーチャントがコストを極力引き下げる行動を採用するから，ワンサイドのプラットフォームが選好されることになる。

第5章

社会の諸問題解決へのプラットフォーム構築の条件

❶ 社会の諸問題解決への社会技術

(1) 社会の諸問題解決への学際的アプローチ

社会的リスクの複雑化と社会技術

　われわれの日常生活には，地震や洪水などの自然災害のリスク，病気，インフルエンザ，食の安全安心の生活リスク，火災，交通事故，レジャーなどでの事故のリスクなど多様で複雑なリスクがあり，リスクと否応なく付き合いながら生活を営んでいる。また，新型インフルエンザ（H1N1）など発症経路が把握しにくく不気味と感じるリスクとも背中合わせに暮らしている。

　とりわけ，インターネットから原子力発電までの科学技術の高度化に伴って生じる複雑な理解しにくいリスクやこれまで社会制度として築いてきた社会保障システムなどについても新たな不安が増している。

　高度技術システムが生み出す危険社会を論じた Beck（1986）ばかりでなく，市川（2000）は，「科学はわからないことをわかるようにし，技術はできないことをできるようにする。科学技術は，より広範な事柄についてより深くより速い速度で，理解と人為が及ぶ領域を拡大する」という視点から，科学技術発展の結果としてもたらされた人工システムへの依存や環境破壊などの問題解決には，科学技術に多くを依存するところも多いが，社会の行動規範を作り直す作業が多文化社会の統合原理として問われていると提案している。

　また，村上（1998）は，「多種，多様，そして多層な危険と対面し，安全を求める人間の営みを統一的に把握，あるいは個々の現場で積み重ねられてい

る安全への努力を共有し，共通に議論するプラットフォームを造り上げる」「安全学」という学問領域を提唱している。

このようななか，社会技術という新しい学際的な研究領域に注目が集まっている。㈳科学技術振興機構は社会技術研究開発センターを設立している。ここでは，イノベーションについて「科学的発見や技術的発明を洞察力と融合し発展させ，新たな社会的価値や経済的価値を生み出す革新」と定義し，社会技術は"市民の生活の質を高める"，"社会の安全を高める"など，社会的，公共的価値を生み出していくためのイノベーションを担っていくとしている[1]。

それでは，いかなる研究領域が社会技術の対象となっているかをみると，次のような研究領域がある。地域に根差した脱温暖化・環境共生社会，犯罪からの子どもの安全，科学技術と人間，情報社会とガバナンス，脳科学と社会などの研究領域であり，具体的には，津波災害総合シナリオ・シミュレータを活用した津波防災啓発活動，効率的で効果的な救急搬送システム，油流出事故回収物の微生物分解処理，物流と市民生活の安全に貢献するトレーラトラック横転限界速度予測システム，高齢者ドライバーの安全運転を長期間継続可能にする支援システムなどである[2]。

研究領域は，大きく分類すると，防災，市民生活の安全安心，地球環境問題，高齢者福祉などの社会の問題解決への研究が課題とされている。

社会技術の定義

社会技術は，工学的な研究アプローチから問題提起され，やや安全安心に関わる社会的な問題解決に比重のかかった受け止め方が多かったが，ここでは，「より幅広く社会生活システムの革新に結びつくような，生活の質を高め，社会の安全を確保する社会技術」と定義する。ここで社会生活システムの革新としているのは，カーボンオフセット対策の社会技術革新にみるように，われわれの生活スタイルの転換を余儀なくするばかりでなく，社会生活システムの革新そのものを希求している。社会技術は，社会的な問題解決を図る結果として，新たな社会生活システムを導くものと考える。

社会技術における先行研究には，社会技術の提案から実装までを射程にお

いて一連の研究をまとめた堀井（2004）や堀井編（2006），科学技術のリテラシーなどの枠組みまで幅広く社会技術のあり方を論じた小林ら（2007）などがある。

　ここでの社会技術について，堀井編（2006）では，「科学技術と社会制度をうまく組み合わせて社会問題を解決しようとする技術」と定義している。また，小林ら（2007）では，「われわれの社会には，環境問題への取組み，安全で便利な輸送システムの実現，資源エネルギー問題など，社会として取り組むべき問題が山積している。…したがって，『社会的問題を解決するための技術』を考えることは，『社会的問題の理解や解決に科学技術をいかに活用するか』という問題を考えることと同じだといって過言ではない」としているように，「社会的問題を解決するための技術」を社会技術と捉えているのは，堀井編（2006）と同じである。複雑化する社会問題を解決する技術は，単一の学問領域からのみでアプローチすることは不可能で，社会科学などの知見を統合した境界領域のインターディシプリナリィなアプローチが要請されるところとなる。

(2)　社会技術による問題解決領域

社会技術のビジネス領域

　このような社会技術に取り組むビジネス行動の事例を観察し分析することで事業化へのプロセスを明らかにすることが，本章の目的である。その社会技術を事業とするビジネス領域は，第1に，国民の関心が高い食の安全安心の領域がある。食糧を海外に依存している割合が高い我が国が食の安全安心をすべて確保するのは難しいが，食の安全安心の領域はこれからの社会の問題解決に欠かせない領域である。第2は，防災や国土保全の領域である。地震への対策ばかりでなく，集中豪雨や土石流被害にも関心が高まっている。科学技術が高度に発展した社会にその被害を最小限にくい止める技術が応用されてよい領域である。第3は，医療・保健システムを支援していくビジネス領域がある。これまで経験したことのない高齢化社会に向けて，社会保障制度だけでなく，その財政的な効率化を支援するようなビジネス領域である。第4に，地球温暖化問題など環境エネルギーの領域は，世界的にも技術

開発競争の激しい領域であり，幅広い自然エネルギーの技術開発とビジネス開拓が推進されている。

これらから，次の4つのビジネス領域を分析対象とする。

①食の安全安心に関わるビジネス

　食の安全安心や健康問題など社会生活を取り巻く安全安心のビジネス領域

②防災や国土保全に関わるビジネス

　地震・津波などへの防災対策に加え，土石流被害の軽減など国土保全のビジネス領域

③安心できる社会保障システムに関わるビジネス（医療・保健，福祉・介護）

　安心できる医療・保健や充実した福祉・介護の問題解決につながるビジネス領域

④地球規模の環境・エネルギー問題に関わるビジネス

　カーボンオフセット対策や新エネルギー開発などのビジネス領域

図表5-1　社会技術のビジネス領域

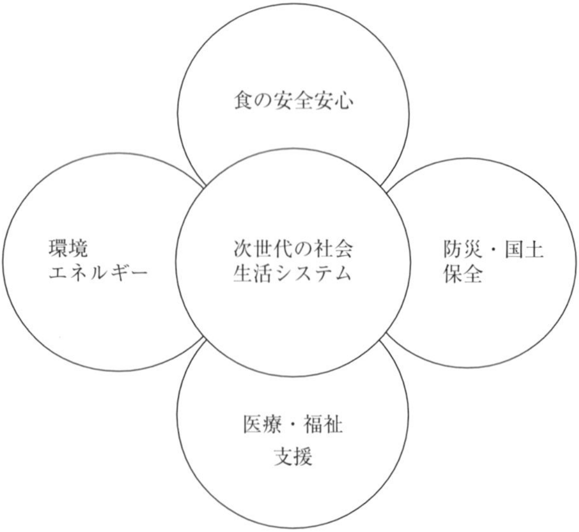

（出所）筆者作成。

社会技術による代表的な問題解決領域

「生活の質を高め，社会の安全を確保する」社会技術を技術マップとして概観的にみてみよう。ただし，精緻な技術マップをつくることが目的ではなく，社会技術の広がりを鳥瞰するのが目的である。4つのビジネス領域に沿った社会技術をマップ化したのが，図表5-2である。

①食の安全安心領域

食の安全安心には，食品の安全性と安心できる食生活の確保が基本である。食の安全安心をトレーサビリティシステムの普及がまたれている。安心できる食生活への意識が高まっているなか，米の産地やウナギ産地の偽装問題などを契機にDNA検査での品種特定技術などが注目されている。また生活習慣病予防など健康増進に関わる技術にも注目が集まっている。

②防災・国土保全領域

地震・津波など大災害への対応や日本各地で頻発する土石流からの安全など，防災分野の技術開発ばかりでなく，安否確認メールや緊急時通報システムなど幅広い。さらには，大災害時における基幹道路やダムの安全性など国土保全に関わる技術領域もある。最先端のセンサー技術などを活用し，2次災害防止へ幅広く応用する技術開発も進展している。

③医療・福祉支援領域

医療分野では，電子カルテやレセプト情報のネットワーク化が急務とされている。その普及には社会的に解決すべき課題が多くある。また，福祉・介護の分野でも，個々の機器開発による福祉支援システムばかりでなく，システムとしての統合化が課題となっている。高齢者に優しいモビリティシステムも今後の課題である。

④環境エネルギー領域

太陽光発電，バイオマス，風力発電，燃料電池など世界の先進的な技術開発に，日本企業が取り組んでいることはよく知られている。また電気自動車に関わる技術開発も急務の課題である。

図表 5-2　社会技術マップ

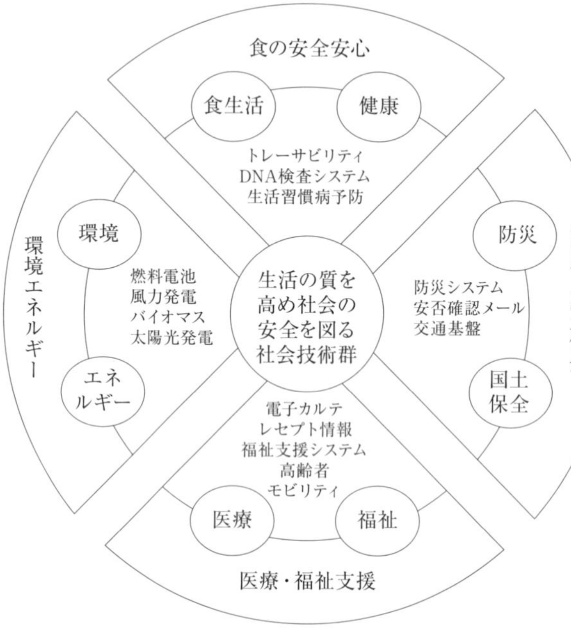

（出所）筆者作成。

❷ 社会の諸問題解決への社会技術の開発事例

(1) 社会技術の開発事例の抽出

社会技術の開発事例

　社会技術という領域は，いまだ十分確立されているビジネス領域ではない。しかし，市民の生活の質を高め，社会の安全を確保していくためには，これまで蓄積された工学的なメカニズムの解明と社会科学の知見などを組み合わせて問題解決への漸進的な社会技術のアプローチを探求していくことが不可欠である。

　本章では，社会が抱える諸問題の解決に向けて，ビジネスとして挑戦している開発事例を探求し，その事業化プロセスにおいてプラットフォームがい

かに構築・活用されているかを考察していく。

複雑化する社会が抱える諸問題の解決に社会技術を開発し取り組む企業群が，数少ないながらも成長してきている。情報通信技術（ICT）の活用やバ

図表5-3　社会の諸問題解決への社会技術の開発事例

領域	社会技術	事例企業	所在地	事業の特色
食の安全安心	農産物トレーサビリティ	インプット	愛媛県松山市	直売所に特化した販売管理システム
	食品の遺伝子解析	ビジョンバイオ	福岡県久留米市	DNA解析による食品検査，理化学分析 2～3週間かかる遺伝子検査を精度維持のまま1～3日に短縮
	生活習慣病予防診断システム	G＆Gサイエンス	福島県福島市	遺伝子解析技術による食の安全・安心，予防医療支援ビジネス 生活習慣病発症予防に関連した大学，研究機関との有限責任事業組合を設立
防災・国土保全	移動体モニタリングシステム	モバイルクリエイト	大分県大分市	タクシー自動配車システムなど移動体管理 バスロケーションシステム，災害時多目的応答通報，小型船舶緊急通報システム
	緊急時安否確認メール	コム・アンド・コム	福岡県福岡市	携帯等安否確認・ライフメール緊急通報システムの開発
	ICタグ活用の緊急災害測量管理	オゴー開発，リプロ	岡山県岡山市	ICタグ組み込み測量杭 基準点の測量杭からの位置情報から生活支援やメンテナンス履歴等参照するシステム
医療・福祉支援	ジェネリック医薬品通知システム	データホライゾン	広島県広島市	医療費分解から病気名に対応した薬剤を通知するなど保険者を支援 ジェネリック医薬品通知など保険者支援システムやレセプト分析情報システム
	介護・高齢者用呼び出し電話	計測技研	秋田県秋田市	遠隔制御，携帯電話通信システムなど防災システムおよび呼び出しテレフォン
	独居高齢者安心見守りサービス	周南マリコム	山口県周南市	看護師を含むオペレータによる緊急通報・生活サポートシステム
環境エネルギー	自然エネルギー活用住宅	エコワークス	熊本県熊本市	ハイブリットエコハウスを展示・販売
	太陽光発電付賃貸マンション	芝浦特機	福岡県北九州市	太陽光発電，空調機器，マンション建設

（出所）筆者作成。

イオ技術を応用するなど，特色のある社会技術の製品化・システム化を試行錯誤し，独自の市場を開拓している。そのような社会技術の開発事例をみてみよう。

図表5-4は，社会技術の開発事例を一覧している。その抽出においては，全国各地のニュービジネス協議会や地方経済産業局のホームページで紹介されている特色のある企業のなかから，社会技術に相応するビジネスを展開している企業を選択した。社会技術を事業ドメインにしている企業が少なからずあり，いずれもがベンチャービジネスである。

以下，それら社会技術の開発事例の特色，問題解決の事業領域などを概観してみよう。やや事例が多く，個別企業ごとに記述するが，「社会技術」という新たな技術領域とビジネスの開発プロセスや事業化の難しさが理解できるからである。

(2) 食の安全安心領域

①農産物のトレーサビリティ――インプット（松山市）

道の駅や農産物の直販所が賑わっている。しかし，販売時点売上情報管理POSを導入している道の駅は約10％程度で，大半が売上伝票を人手で集計（月500万円でも約3日かかることが多い）しているのが実態である。その直販所の販売管理システムに特化したシステムハウスが松山市のインプットである。直販所販売管理システムの特色は，①高齢者でも操作できる専用キーボードによるバーコード入力，②委託販売のため複数の手数料率の組み込み，③売上情報の農家への情報伝達ネットワークにある。特に，異なる手数料率を組み込んだ販売管理システムを手掛けているシステムハウスはほとんどない。インプットは，1996年から販売管理システムに取り組み，愛媛県内をはじめ，北海道ニセコ町から大阪，岡山，徳島，長崎，熊本県まで全国44カ所への納入実績を積み重ねている。ほとんどが道の駅や物産館，JA販売施設などである。

この直販所販売管理システムに合わせて，農産物直販所向け生産履歴などのトレーサビリティシステム構築のニーズが寄せられた。トレーサビリティとは，「生産，加工および流通の特定の一つまたは複数の段階を通じて食品

の移動を把握できるもの」(食品トレーサビリティシステム導入の手引き改訂委員会) である。

その特色は,地域に密着し,現場の経験や知識を反映したシステムを構築するところにある。生産履歴のトレーサビリティは,その大半が流通・販売段階のもので,生産と販売が直結した直販所に適したシステムは一般にはない。また,データ入力も出荷者に高齢者が多い直販所では,誰もが使える,簡単な入力作業でなくてはならない。関係者の負担を最小限に抑え効率よく管理できるようなシステムを現場の知識・経験から積み重ね構築している。

しかしながら,直販所販売管理システムのニーズは高いものの,農産物直販所向けトレーサビリティシステムの導入実績は数少ないのが実情である[3]。

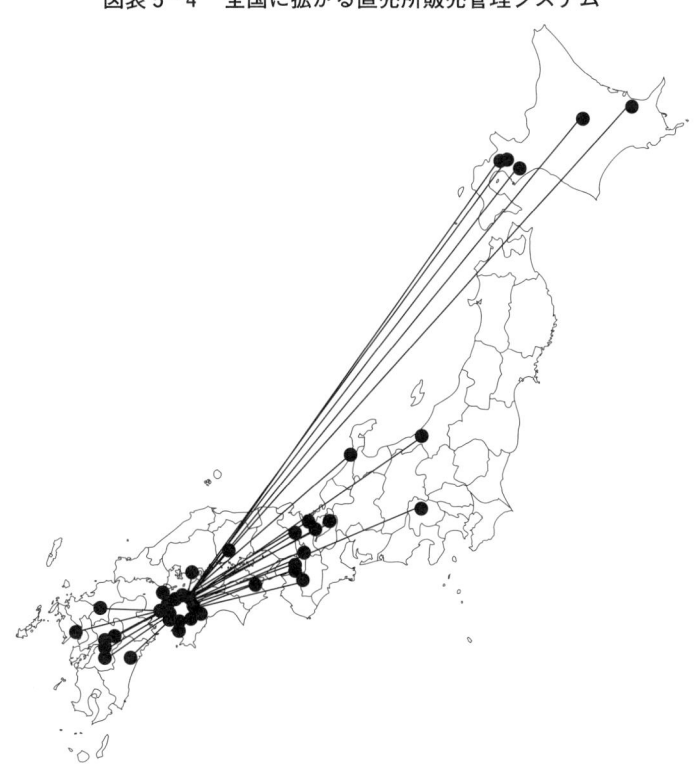

図表5-4　全国に拡がる直売所販売管理システム

(出所) インプット社資料から筆者作成。

第5章　社会の諸問題解決へのプラットフォーム構築の条件

その最大の要因は，農家にとってのメリットが十分理解されるまでに至っていないことにある。社会技術としてのトレーサビリティ・システムの事業化は容易ではない。

②食品の遺伝子解析——ビジョンバイオ（久留米市）

「食と環境を通じて，健康で安心できる社会に貢献することをミッションとし，ライフスタイル提案型企業として，様々な製品やサービスを提供する研究開発型のベンチャー企業」（同社ホームページから）と経営理念に掲げる企業がある。ビジョンバイオである。久留米市のバイオインキュベーション施設である久留米リサーチパークに入居している。

ビジネス上の優位性は，食品遺伝子検査に強みを発揮しており，米のDNA品種判別検査では官公庁でトップクラスの受託実績を有していることである。このように食品のDNA分析や理化学分析から，食品の安全を守る食品検査（米，小麦，大豆，ウナギの品種鑑定など），食品アレルギー検査，農産物の残留農薬分析などを事業としている。賞味期限切れ食品の使用・販売，表示の改ざん，異なる原材料混入など，食を取り巻く安全・安心への社会的関心が高まり，食品業界の対応が問題となっていることがビジネス拡大の追い風になっている。

その強みは，「スピード」にある。遺伝子検査は従来2〜3週間は必要とされていたが，高い精度を保ちながら3営業日で検査結果を届けることができるほどのDNA解析の技術能力が培われているからである。年間7,000から10,000の検体数を取り扱っている。もう1つの強みは，ライブラリー（標準標本）である。米では，482品種と全国作付面積の95%以上をカバーできる遺伝子標本を有している。このライブラリーがあるからこそ，官公庁の国際入札に勝てる態勢が確立できたといえる。

しかしながら，ビジネス展開にはハードルも高い。主要な顧客の米穀卸商やJAにとって，遺伝子検査はコストそのものであるからである。生物多様性に関連したビジネス展開を目指すのも，閉塞的な食品検査市場ばかりに依存しては次なる業容拡大の足かせになるからである。

③生活習慣病予防診断システム——G&Gサイエンス（福島市）

ビジョンバイオと同様，DNA解析に強みがありながら，生活習慣病予防ビジネスに取り組んでいるのが，G&Gサイエンスである。

G&Gサイエンスは，科学的手法によりゲノム情報による価値を最大限活用し日々の暮らしに役立てることを目的に，2005年に設立された。遺伝子解析技術を基盤に，消費者の視点に立った食の安全・安心ビジネスと予防医療支援ビジネスを開拓するのが目標である。医食同源。この古くからの問題に最新のゲノム科学を応用し，食品の安全性，安心して口にすることのできる信頼性を確保し，病気を予防し，あるいは早期発見，治療に結びつけること（予防医療）の2つを柱にしている。

これまでの研究開発は，豚の1,000兆頭の個体識別が可能な豚肉トレーサビリティシステム，インゲン豆判別，ロコ貝とアワビの判別，マグロの品種判別の食品DNA検査，有形微生物の遺伝子波形ライブラリー（製品評価技術基盤機構との共同研究），生活習慣病関連DNA分析などである。

産学共同研究にも積極的で，蓄積された遺伝子データ・臨床データと遺伝子解析技術を活用し予防医療サービスにも進出している。東京都健康長寿医療センター老人総合研究所と三重大学生命科学研究支援センターの教授たちと「クォルセイバー有限責任事業組合」を設立している。そこで生まれた事業が，生活習慣病関連遺伝子検査「ジェノマーカー」である。生活習慣病の発症リスクを5段階で分類し棒グラフでわかりやすく示し，全国各地の医療機関で採用されるまでになっている。

このような共同研究活動から，生活習慣病関連遺伝子検査ビジネスを展開したが，人間ドックでの健診時に生活習慣病予防のことは理解しても受診までする顧客は数少なく，リーマンショック以降人間ドック健診市場も影響を受けて事業化は十分進展するまでに至っていない。

(3) 防災・国土保全領域

④移動体モニタリングシステム——モバイルクリエイト（大分市）

モバイルクリエイトは，2002年創立以来，タクシー無線を中心に自動配車システムの開発・販売をコアとする事業を展開している。そのシステム開発

技術をもとに，GPS（全地球測位システム）の普及に伴って移動体モニタリング・ソリューションを独自開発し，インターネットのブロードバンド化と携帯電話網等のインフラストラクチャーを活かしたASP事業（インターネットを通じてアプリケーションソフトを顧客にレンタルする事業）を展開している。業績は，タクシー事業からバス事業，トラック運送事業へと台数が大幅に拡大する市場に着目したビジネスを開拓し，独自のプラットフォームを提供することで大きく急進しており，株式上場も視野に入るほどの業容拡大となっている。

　その移動体管理の確立された技術を小型船舶緊急通報システムに応用している。小型船舶に欠かせないあらゆる緊急事態の通報を実現したものである。緊急事態を無線およびインターネットを介して，船舶位置を地図上に表示し監視する一方，同時に関係者への緊急通報を電話，FAX，メールで自動的に配信するシステムである。長崎県五島列島，対馬沖などの海上での緊急事態発生の通報に活用され，長崎県と島根県の小型漁船約1,000隻に搭載されている。

　このような移動体モニタリング・システムについて，タクシー無線市場を中核とし，緊急通報システムの社会技術にまで拡大している。さらに次の主力事業の芽になりそうな電子マネー決済端末を開発し，九州のタクシー会社およびJR九州で実用化されている。Felica搭載の電子マネーであればいずれも利用可能な全国初の決済端末である。これもプラットフォーム技術である。

⑤緊急時安否確認メール──コム・アンド・コム（福岡市）

　地震，台風，津波などの災害が起きた際，速やかに従業員の安否確認を会社や家族に通報することが，企業の危機管理対策の第一義である。そのような安否確認メール・ライフメールを情報提供する社会技術を展開しているベンチャービジネスが福岡市にある。コム・アンド・コムである。

　緊急時安否確認メールの特色は，まず「自動配信」機能で，地震，津波情報，火山，台風，警報注意報の各情報をリアルタイムに配信できる。次に登録された携帯電話アドレスに配信する「高速配信」で，メールサーバを並列化し高速な配信を可能とした。また，「管理機能」では安否確認実行時管理

画面から社員の安否状況をリアルタイムに確認できるものにしている。

　福岡県は，災害時の情報を住民にいち早く知らせる「防災メール・まもるくん」にコム・アンド・コムのライフメールを採用している。その防災メールは，3つの機能を有しており，登録は無料である。第1の機能は，地震・津波・台風，大雨等の防災気象情報，退避勧告等防災情報の通報である。県が日本気象協会と契約し，気象情報の発表に合わせて県内の地震情報，津波情報，台風情報，注意報・警報情報を受信し，県からの災害時の注意の呼びかけ，市町村からの避難勧告等の通報ができるものである。第2の機能は，災害時の安否情報通知機能である。利用登録時にあらかじめ登録者の安否を知らせたい家族等のメールアドレスを登録しておき，県内で震度5弱以上の地震があった際，または津波が到達した際，地震・津波の報告と安否を知らせるものである。第3に，地域の安全に関する情報を各市町村から配信するものである。その配信には緊急時に人工透析が必要な人に受診可能な医療機関を紹介する透析メールも含まれている。

　この他の導入実績として，大手損害保険会社，カード会社，百貨店，小売チェーン店，新聞社などがある。コム・アンド・コムは，携帯電話を危機管理ツールに用いることで社会貢献できるとの思いから起業したという。当初，人手による発信では危機管理のリアルタイム性が実現できていなかった。その理由に，通信キャリアに過度の負担をかけることなく高速配信しうる技術確立という課題が残っていたという。その技術課題は並列型メールサーバ技術などで解決できたが，一番の難題は，誰が費用を負担するかというビジネスモデルであったとのことである。このプラットフォームの費用負担サイドの問題克服への丹念な経営努力が実りつつある。しかし，まだ危機管理対策に費用をかける企業は大企業とはいえ数少ないような状況であるが，中越・宮城・福岡等の震災時に安否確認メールの採用が進んだように，企業の危機管理対策を促すことも必要である。現在40万人強の利用実績がある。

⑥ICタグ活用の緊急災害測量管理――オヲゴー開発，リプロ（岡山市）

　土砂災害，河川洪水など災害時には緊急災害測量が，災害対策や2次被害防止対策を立てるために実施される。その緊急災害測量に，GPSとGISとIC

タグを組み合わせて最先端の社会技術を確立する模索に，岡山のオゴー開発とリプロが連携しながら取り組んでいる。

　オゴー開発は，法面土木工事で実績のある会社だが，公共工事の縮減という厳しい経営環境のなか取り組んでいるのがこの新分野である。斜面の危険石の抽出や危険度を判定する浮石・転石調査（落石調査）では，危険石位置の確定と記録は調査員の目視測量で事務所に帰ってから図面に記録されるのが一般だが，その確定は現場環境の変化もあり図面上の危険石を確定できないケースがあるという。そこで，簡易GPS測量機器で公共座標を取得しICタグに入力し危険石に埋め込めば後日追跡が可能となる。そして，取得した公共座標位置をGISデータとし属性情報と照合しGISソフトやCADで管理することができ，特定のPDAで正確に危険石までナビゲーションできる。この技術は，道路・施設管理，ダム点検管理などにもアプリケーションが応用できるものである。このICタグを埋め込んだ測量杭を開発しているのがリプロである。

　リプロは，廃棄プラスチックのリサイクル事業がメインで，地籍調査や土木工事などで使われている測量杭に再生プラスチックを全国で最初に開発し，高い市場シェアを獲得した。

　この再生プラスチックによる測量杭に，ICタグを埋め込んだのが「情報杭」（リプロ社の特許）である。ICタグは，メモリー機能があるICチップと小型アンテナで構成され，専用の読み取り機を使えば無線でICチップと通信できる。予めICチップに，位置情報，地目，土地権利者などを記憶させておけば，情報端末や携帯電話で情報検索し，メンテナンス履歴など現場工事の効率化や地籍確認，測量情報の再確認が確実であるばかりでなく時間短縮もできる。また，2007年には，杭にセンサーを埋め込んだ，現場での動体調査型情報発信杭も開発している。湿度や傾斜角度などの変化をセンサーがキャッチし，情報端末に交信することで，国道などの異常情報を取得することができる。大雨による土砂災害などからの国道等の異常情報を2次災害の危険がある現場に行かなくとも情報把握できるものである。

　このGPS＋GIS＋ICタグの社会技術は，測量会社から工事事業者へのリスク・コミュニケーションのプラットフォームとなる可能性が想定され，実

用化が推進されている段階にある。

(4) 医療・福祉支援領域

⑦ジェネリック医薬品通知システム──データホライゾン（広島市）

　レセプト（診療報酬明細書）のデータ化と分析結果から各種の医療情報サービスを開発しているのが，データホライゾンである。その成長プロセスは，地方から情報サービス企業が成長していく典型的なモデルともいえ，広島のシステムハウスの代表的企業で，2008年に東証マザーズに上場している。

　1989年に保険薬局向け薬剤師支援システムを開発販売したことから医療情報サービス事業に関わっていく。病院向け処方監査システム，病院向け在庫管理システム，保険薬局向けのASPシステム，病院向けレセプトチェックシステム，保険薬局向け薬剤師支援ASPシステムと一連の医療情報サービスシステムを手掛けている。2003年保健事業支援システムを開発し，健康保険組合に販売を開始している。

　これが契機となり，保険者向け情報サービス分野の新しいマーケットを開拓することになる。従来は病院・保険薬局という医療関連機関向けシステム事業で，情報システムの市場では必ずしも差別化できるような成長プロセスではない。保険者という健保マーケットに足がかりができたことが大きな差別化要因となった。そして，2006年ジェネリック医薬品通知サービスを開発することで，社会技術のマーケットを開拓することができた。ジェネリック医薬品（後発医薬品）とは，先発医薬品（新薬）の特許期間（20〜25年）が過ぎてから，厚生労働省の承認を受けて他の製薬メーカーから発売される，有効成分などは同じで，低価格の薬の総称である。ジェネリック医薬品（後発医薬品）を紹介することで，保険者の医療費を削減するばかりか，被保険者の健康管理への意識改善に大きく寄与できる。

　データホライゾンの強みは，レセプト審査を人手作業から解放したことにある。通常，病院から受け取ったレセプトは審査支払基金が人手で審査している。国内でレセプトは年14億枚，人件費1,200億円にものぼる。情報通信技術（ICT）による業務効率化が必要な分野である。データホライゾンは，レセプトをOCR変換（光学式読み取り装置）し電子データ化している。そ

のデータ変換技術がノウハウである。そして、レセプトで誤りが生じやすいパターンを膨大に作成し独自に築いた審査用のデータベースと照合し、記入漏れや保険が適用できない診療や医薬を監査するシステムである。

導入した健康保険組合は大手自動車メーカーをはじめとする34健保、組合員319万人。そればかりか、増大する医療費の削減のため、広島県呉市が国民健康保険に加入する市民向けに、ジェネリック医薬品通知システムを採用したことが注目されるところである[4]。

⑧介護モニタリング・オンコール電話——計測技研（秋田市）

秋田に多様な社会技術に挑戦している企業がある。コアとなる技術は特定小電力通信技術だが、土砂災害二次被害防止システムから携帯電話回線利用のタクシー呼び出しシステム、介護用コミュニケーションシステムにまで事業拡張している。社会技術を標榜している計測技研である。

秋田県は軟弱な地盤が多いこともあって、1997年県北部の鹿角市周辺で土石流が発生したおり、センサーによって地盤のひずみを検知し近隣の自治体に警報を出す「二次災害予測システム」の構築を引き受けたのが新分野進出の契機になった。それを契機にした技術開発のプロセスそのものが、社会技術の事業化のプロセスともなっている。

まず、土砂災害対応の「無線式防災システム」の開発である。ここでの要素技術の形成は、無線技術である。そのシステムは、ワイヤセンサーや振動センサーなどで検知した災害情報を無線で受信機に送信して警報を鳴らすほか、作業者のポケベルなどに一斉報知する。無線式防災システムは、無線伝送に免許不要な特定小電力を採用し2～8キロの遠距離通信が可能で、太陽電池を搭載した災害検知送信機、災害検知受信機、中継トランシーバーなどで構成する。岩手県岩木山治水ダムや東北各県の治水ダムで採用された。特定小電力無線方式は1ワット未満と出力が弱く700メートルが伝送の限界とされていたものを、受信側のアンテナの大型化などで7キロの伝送を可能としたもので当社の固有技術となっている。

さらに、社会技術を進化させたのが、携帯電話へのアプリケーションである。検知センサーからの携帯電話の着信信号で受信機の電源を制御し、瞬時

にサイレンなどで警報し二次災害を防止する。災害発生情報は同時に6カ所へ通報でき，システム構成により避難経路も表示できる。この携帯電話を活用した遠隔操作技術が用途を拡大することになった。あらかじめ操作したい機器類をオンコール機器に接続させ，携帯に着信すると自動的に機器の電源を入れたり切ったりする。無人倉庫の遠隔操作や屋外のドア開閉，水門，ポンプ，融雪装置などの監視・自動制御を可能とするもので，コードを踏むと作動するケーブルスイッチや体温や動作などを感知するパッシングセンサーと接合し果樹園の監視，防犯対策に活用できる。文化財保護の監視にも有効である。

この遠隔操作システムを使って，手を使うことなく通話できるハンズフリーの携帯電話に用途を拡大したのがオンコールの電話通信システムである。大手医療機関が採用し介護モニタリングに活用されている。また，「ホワイトフォン」と名づけられたオンコール電話は全国のタクシー会社に急速に普及し，当社の経営基盤を支えるまでになっている。高齢者のモビリティサービスを支えるシステムとして，高齢者がよく行く銀行，スーパー，病院などで活用されている。

⑨独居高齢者安心見守りサービス――周南マリコム（周南市）

山口県周南市は，外国船舶も出入りする重要港湾徳山下松港がある地方都市である。その港湾に入港する外国船等への港湾無線のポートラジオ局の必要性を山口県に提案し受託運営し，そのオペレーションの経験を活用して社会技術分野に進出した企業が，従業員50名ほどの周南マリコムである。「安心と安全を探求し，新たな価値の創造へのチャレンジで，生きがいと活力ある社会を実現します」を経営姿勢としている。

周南マリコムは，培ったITと無線技術を活用して，緊急通報・生活サポートシステム「さすがの早助」という独居者見守りシステムを展開している。その特色は，生活モニタリングにより，高齢者や生活に不安のある人への生活サポートで，24時間365日看護師を含むオペレータが生活相談を受けもっている。「遠くはなれた故郷でいつもどおりに暮らす高齢の両親を，プライバシーも尊重しながら，優しくしっかり見守りたい，そんな現代のご家

族が求める安心のカタチを，コンピュータ・携帯電話・ネットワークを積極的に活用してどなたでも手軽に利用できる確かなサービスとしてご提供」（同社 HP から）という見守りサービスは，安心と安全を探求した新たな価値創造事業を創り出している。

(5) 環境エネルギー領域

⑩自然エネルギー活用住宅——エコワークス（熊本市）

　建築学会では，新築住宅においてカーボン・ニュートラル化を進め，今後10〜20年の間に二酸化炭素を極力排出しないことを目標とした方向を描いているだけでなく，カーボン・ニュートラル化を目指した地域や社会の構築も目指している。都市や地域までを視野に入れた対策の推進，地域の気候風土への配慮と利活用，森林吸収源対策への貢献，情報・経済システムの活用，ライフスタイルの変革，長期的な地域や社会像の共有化である。いずれも社会技術と関連した対策・施策でもある。

　このようなカーボン・ニュートラル化の社会技術を住宅建築分野に応用している企業が，熊本のエコワークスである。ecology（環境）と economy（省エネ）に関わる works（仕事）を通じて社会貢献したく，社名に託しているものである。エコワークスは，自然エネルギーを組み込んだ住宅システムを探求している地方の工務店である。

　エコワークスの事業は，「ハイブリッドエコハウス」で，九州に多い桧など自然素材で作られた木の香りがする家に，自然エネルギーを活用した設備を組み合わせ（ハイブリッド），優れた省エネ性を実現した長寿住宅である。天然乾燥無垢材や屋根に取り付けた太陽光発電パネル，小型風力発電のエネルギーで床暖房，給湯に利用するほか，床下のひんやりした空気を利用した地冷熱利用まで組み込んでいる。

　エコハウジングに組み込まれる基本技術は，自然エネルギー利用（太陽光発電・太陽光暖房・太陽熱給湯・風力発電・地冷熱採涼・雨水利用）[5]，創エネ・省エネ設備（コジェネレーション・高効率給湯器・ヒートポンプ式給湯器・高効率エアコン・LED など高効率照明），建築的手法（断熱性能・通風設計・九州地方に求められる高い日射遮蔽機能）を最適に組み合わせると

ころにある。

⑪太陽光発電付賃貸マンション――芝浦特機（北九州市）

　太陽光発電システムを全世帯に戸別供給した日本で最初の賃貸マンションが，北九州周辺で建設されている。芝浦特機によるマンション事業だが，集合住宅における太陽光発電システムの施工事例は従来なかった。㈶新エネルギー財団による第10回新エネ大賞経済産業大臣賞（平成17年度）を受賞している。

　新エネルギー財団のホームページに記載されている，賃貸マンション「ニューガイア」の概要と受賞理由は次のようである

　「これまで小規模の太陽光発電システムが共用部分に電力を供給する事例のみであった賃貸集合住宅分野において，各住戸での利用を実現させたわが国における最初の事例。屋上部に美観を兼ね備えた約65kWの太陽光発電システムを導入し，各住戸に1.5kWづつ個別連系させた全世帯太陽光発電システム付きの賃貸マンション（全43戸）である。入居者は初期投資を負担することなくクリーンな電力を利用でき，さらに，余剰電力の売電料金が還元されることから，新エネルギー利用と光熱費軽減の双方を体験することができる。また，所有者にとっては，このようなユーザーメリットを新たな付加価値とすることにより事業採算性の向上を図っている」。

　全世帯太陽光発電システムが装備された賃貸マンションは，11棟にもなっている。集合住宅の各戸での太陽光発電システムは，売電収入で電気代が一部相殺されることから，光熱費は通常の約5分の1に抑えられるという。芝浦特機は，電気機器の販売から空調システムのメンテナンスに業務を広げるなかで，フロンガス回収や空調省エネ機器に携わり，配管施工技術を蓄積しつつ，太陽光発電システムに進出した。社員が「太陽光発電は集合住宅には載せられないのですか」とつぶやいたことがきっかけで，北九州のマンションデベロッパーに「太陽光発電システム＋マンション」という計画をもちかけても初期投資の回収期間や減価償却の視点での否定的な意見が多かったことから，自分で建てるしかないと事業に進出したという。

　しかし，一般家庭に配電される電力会社の送電線（電力系統）と太陽電池

パネルを接続（系統）し，戸建住宅の太陽光発電システムとして知られる「逆潮流あり系統連係型システム」について電圧や周波数などを定めた技術ガイドラインが設定されているが，集合住宅の場合には送電線への負荷が不明であることから電力会社と自らの検証データで個別協議する必要があった。電気が送られてくる送電線に住宅で発電した電気を逆に流す「逆潮流」ができる「系統連系型」システムでは，集合住宅のデータ蓄積がなく影響が不明だったからである。九州電力の「前例がないので難しい」という反応にひるむことなく，九州電力，シャープアメニティシステム，芝浦特機の三者立ち合いによる実証実験でデータを検証したという。

マンション屋上には，出力が1枚150ワットの太陽電池パネルを430枚設置する。1戸あたり1.5キロワット（1ブロック10枚分）の太陽パネルを専有し，個別に九州電力と系統連系されている。居住者は売電用と買電用のモニターで発電量などをリアルタイムで確認できる。

❸ 社会技術の事業化へのプラットフォーム構築の事例分析

(1) 社会技術のプラットフォーム構築と需要面の規模の経済性

社会技術の事業化の難しさとプラットフォーム構築

地球温暖化対策や超高齢化社会などに向けた諸問題解決のための社会技術は，11事例でも社会にとって有用な技術ばかりであることが考察できる。しかし，有用な技術であっても事業化のプロセスは一様でなく，事業創造は難しいことも理解できるところである。

これらの事例には，すでにプラットフォームを構築している社会技術もあれば，プラットフォームの構築がいまだ確立していない社会技術もある。

プラットフォームが未確立の社会技術についてみると，道の駅や農産物直販所での農産物トレーサビリティは，大手流通事業のスーパーなどでも十分普及していないように，導入実績は数件にすぎない[6]。社会的有用性は理解されてもトレーサビリティシステム導入のメリットが十分咀嚼されていないからである。食品の遺伝子解析も食品検査に欠かせない社会技術である。プ

図表5-5 プラットフォームが確立されている社会技術と未確立の社会技術

プラットフォームの形態		プラットフォームが未確立の社会技術	プラットフォームが確立されている社会技術
ソフトウェア	プログラム	農産物トレーサビリティ	移動体モニタリングシステム 緊急時安否確認メール
	データベース	食品の遺伝子解析 生活習慣病予防診断システム	ジェネリック医薬品通知システム 独居高齢者安心見守りサービス
メディア機器		ICタグ活用の緊急災害測量管理	介護モニタリング・オンコール電話
商業・都市施設			自然エネルギー活用住宅 太陽光発電付賃貸マンション

(出所) 各社インタビューにもとづき筆者作成。

ラットフォームは食品卸流通事業者と小売店との間に構築されている。しかし、費用負担して問題解決を必要とする需要者が食品卸流通の狭い範囲にとどまっている。食品検査市場が地域性をもち限定的であることからだという[7]。同様に、生活習慣病予防診断システムも人間ドック市場にとどまり市場の広がりが不十分である。ICタグ活用の緊急災害測量管理は、地すべり斜面の崩壊監視など斜面変位監視システムのプラットフォームとなる可能性が高いが、そのビジネスモデルは今後の課題とであり、市場も限定的である。

　プラットフォームが未確立の社会技術に共通している要因は、「需要における」規模の経済性が獲得されていないことが大きいと考察できる。プラットフォームのネットワーク効果はある閾値を超えると急速に拡大する現象であるが、その閾値を超えるところまで市場が拡大していないと解釈できる。いずれもネットワーク効果が働くほどの市場の大きさに達していないということになる。

　逆にいえば、社会技術がプラットフォームを形成するための条件は、需要における規模の経済性を働かすことが第一義であると導くことができる。また、事業化が進んでいる事例には、固有技術をより大きな市場に適用することで活路を切り開いているところもある。

プラットフォーム構築・運用の主体

　プラットフォームを確立している社会技術について、そのプラットフォー

ム事業者を観察すると必ずしも社会技術の開発事業者ばかりでないことが見出せる。プラットフォームの形態がソフトウェアのものは，プログラムがいずれも ASP 事業（インターネットを通じてアプリケーションソフトを顧客にレンタルする事業）でサービス提供されており，見掛け上プラットフォームは顧客が運用している。同様に，メディア機器の介護モニタリング・オンコール電話もプラットフォーム事業者は医療機関やタクシー会社の顧客サイドにある。生活習慣病予防診断システムも同様である。データベース運用をもとにしたジェネリック医薬品通知システムならびに独居高齢者安心見守りサービスは，いずれも保険者や地方自治体からの委託事業で成り立っている。

社会技術の開発事業者が自らプラットフォーム事業者となっているのは，自然エネルギー活用住宅，太陽光発電付賃貸マンションである。これらの事業はいずれも自ら最終ユーザーを獲得するビジネス行動を伴っている。

プラットフォームの運営そのものを開発事業者が自ら担うには事業化のリスクが大きく，収益化が図りにくいことも大きな障害となっている。社会技術をいかに事業化するかがプラットフォーム構築とともに問われてくる。それゆえ，社会の諸問題解決への社会技術の事業展開には，次章で対象とするプラットフォーム協働モデルの枠組みを考察することが必要となってくる。

(2) プラットフォーム構築へのサイド構成

プラットフォーム構築における優遇サイドの明確化

社会技術を活用したプラットフォームを構築するためには，ユーザーグループ，補完事業者などからなるサイドが明確に設定される必要がある。サイド構成のユーザーグループがより具体的に特定されている方が，需要における規模の経済性によるネットワーク効果を働かすことができるからである。

このサイド構成において，優遇されるサイドとその需要規模を特定することが，需要における規模の経済性を見極めるためにはとりわけ重要である。優遇されるサイドとはプラットフォームのユーザー層で，無料または料金に割り得感がある価格システムが適用されるサイドである。

この優遇されるサイドの需要規模が拡大していくかが社会技術の事業化を大きく左右するところとなる。先のプラットフォーム構築が未確立の社会技

図表5-6　社会技術を活用したプラットフォームのサイド構成

領域	社会技術	プラットフォームのサイド構成	
食の安全安心	農産物トレーサビリティ 食品の遺伝子解析 生活習慣病予防診断システム	直売所利用者 小売流通事業者 人間ドック受診者	農産物生産者 食品卸仲介事業者 医療機関（人間ドック）
防災・国土保全	移動体モニタリングシステム 緊急時安否確認メール ICタグ活用の緊急災害測量管理	乗客・貨物輸送依頼者漁船等移動体 市民従業員 測量事業者	タクシー・トラック事業者 自治体危機管理担当部署 自治体危機管理担当者 民間企業危機管理担当者 工事施工業者・施設維持管理者
医療・福祉支援	ジェネリック医薬品通知システム 介護モニタリング・オンコール電話 独居高齢者安心見守りサービス	被保険者 被介護者 高齢者 独居高齢者	保険者・医療機関 介護サービス医療機関 タクシー事業者 地方自治体
環境エネルギー	自然エネルギー活用住宅 太陽光発電付賃貸マンション	住宅購入者 マンション入居者	住宅工務店・住宅展示場 マンションオーナー等

（出所）各社インタビューにもとづき筆者作成。

術を考察したが，それらはいずれも需要規模の拡大に制約があるものが多い。

　サイド構成における第2の論点は，サイド構成の層の厚さである。サイドの層が厚ければ厚いほど，多面的な市場になるからである。移動体モニタリングシステムでは，タクシー事業者の層からトラック事業者の層へとサイドが拡大するが，トラック市場の方が需要面でも圧倒的に大きな市場である。また，緊急時安否確認メールでは，地震の震度に応じて召集される自治体の危機管理担当者の層が異なることから，その層に応じたサービス機能を細分化したプラットフォームが高く評価されている。対象市場も，地方自治体市場，民間企業の危機管理市場と多層である。

費用負担サイドの需要創造コストの縮減

　社会的な諸問題解決のための社会技術は，プラットフォームを構築したビジネスモデルを組み立てる必要がある。その社会技術の事業化を導くビジネスモデルを探っていくことが不可欠である。緊急時安否確認メールのコム・

アンド・コムが「一番の難題は誰が費用を負担するかというビジネスモデルであった」とするように，費用負担サイドが社会技術のコストを負担してでも享受できる相応のメリットがなくてはならない。

その負担サイドが払うコストは，プラットフォームが備えている本質的な機能である情報探索コストの縮減あるいはサイド両方にかかるような共通コストの削減に相当するメリットが見出せるものでなくてはならない。需要創造に有効なマッチング機能が明確なプラットフォームほど，ビジネスモデルを組み立てやすい。

緊急時安否確認メールのコム・アンド・コムは，コスト負担サイドのユーザー層を木目細かくすることでマッチング機能を活かしたビジネスモデルを組み立てたからこそ事業が安定し業績が急拡大した。必要とするユーザーに必要な情報のみを伝達するビジネスモデルである。自然エネルギー活用住宅は，環境に先進的な意識の高いユーザーと住宅展示場がサイドであるが，住宅展示場でモデルハウスを展示することでマッチング機能を高め需要創造コストの大幅な削減を果たしている。

(3) 社会技術の事業化に有効な2つの課題

社会技術の事業化へのプラットフォーム構築の基本条件

社会技術のビジネスは，市場がはじめから顕在化しているものではない，技術が専門的に細分化し有用性が理解されにくい，関係者との合意形成に時間と手間がかかる，といったビジネスを立ち上げていく条件には厳しいものがある。このため，社会技術の事業化は容易ではない。また，社会技術の有用性が社会であらかじめ認知され評価されていないばかりでなく，価格設定力を自ら獲得できるまでにはなっていないことにもよる。

社会技術を活用してプラットフォームを構築していく事業化のプロセスにおいて必要なことは，先にも触れたプラットフォームの本質的な機能である情報探索コストの縮減あるいはサイド共通にかかるようなコストの削減を図ることである。そのため，マッチング機能を働かすことや無駄な共通経費を削減する工夫が考案されなくてはならない。

社会技術の事業化プロセスにおける2つの課題

　社会技術の事業化は需要規模の大きなユーザーサイドを見出すだけでなく，プラットフォームを構成するサイド間の関係性にも着目しなくてはならない。その関係性は事業化プロセスで特に留意しなくてはならないことである。

　事業化に有効な2つの課題がある。その第1は，サイド間で情報の非対称性があり，信頼関係が構築しにくいことである。とりわけ，医療・福祉の領域では微妙に個人情報を取り扱わざるを得ず，サイド間では信頼がなかなか醸成しにくい。信頼確立，言い換えると，情報の非対称性を解消するようにプラットフォームを構築しなくてはならない。

　第2は，事業化を導く収益性を確保するためには，サイド間でのネットワーク効果が働くようなアクセス増加策を講じることである。ネットワーク効果は顧客が集まってくることから生まれる便益だが，すぐに取引関係がない「のぞき見のフリー客」も集めることも欠かせない。潜在的な顧客層だからである。このネットワーク効果を高める戦略を独自に創り出すことが社会技術の収益性確保の最も近道になる。

❹　事業化に必要な情報の非対称性の解消

(1)　情報の非対称性解消の基本要素

情報の非対称性を解消するプラットフォームの基本要素

　情報の非対称性を解消するためには，サイドとサイドの間，あるいは，ユーザーと補完事業者の間で，情報共有，相互信頼，そして，信用が生まれなくてはならない。そのため，次の3つの基本要素をプラットフォームは用意しなくてはならない。

　第1は，社会の問題解決のための情報共有を促進するための共通の言語体系となる「標準プロトコル」である。共通に話せる，意味が通じ合える言語体系が必要だからである。第2は，相互信頼を確立するための「双方向性」のコミュニケーション環境である。プラットフォームで協働する関係者間の

図表 5-7　社会技術のプラットフォーム基本要素

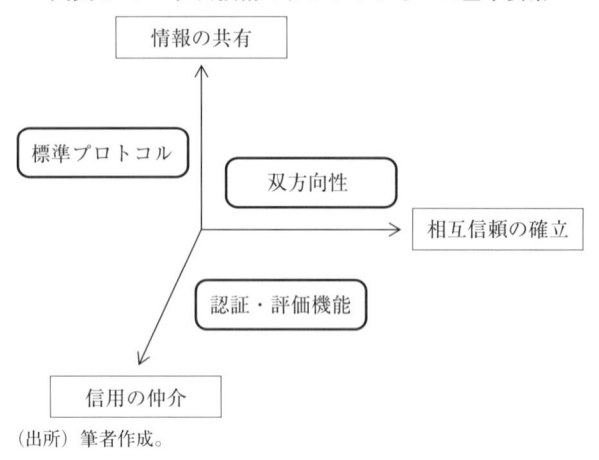

```
              情報の共有
                ↑
   標準プロトコル │
                │  双方向性
                │         → 相互信頼の確立
                │  認証・評価機能
                ↓
              信用の仲介
```

(出所）筆者作成。

理解と調整が重要なので，双方向でコミュニケーションできるところに信頼が生まれる。第3は，信用への仲介機能である。プラットフォームに社会技術の品質保証を担保できる第三者等による「認証・評価機能」を制度的に内包すると，社会技術への信用が加速するからである。

これらの基本要素は，収益性のあるビジネスモデルを構築していくための要件でもある。その3つの基本要素を図式化すると，図表5-7のようになる。

(2)　標準プロトコル，双方向性，認証評価機能

情報共有を進める標準プロトコル

プラットフォームは，ネットワークを活用して取引を円滑にし，情報流通を効率化するものでなくてはならない。その取引を円滑にするためには，統一的な設計思想（アーキテクチャー）から成り立つプロトコルが必要である。情報通信では，システム間の相互接続におけるデータ通信を行うために必要な通信規約のことをプロトコルという。

國領（1999）は，「ことば」と表現し，主体間で商業行為をするときのコミュニケーションの語彙，文法，文脈，規範などのことと定義している。多くの取引主体が共通のプロトコルを共有することで，取引を円滑にすることであり，取引に必要な「ことば」ととらえている。

そのプロトコルは，語彙にあたるコードを共通にすることが多い。商品流通でよく使われているのが JAN コード[8]だが，このコード体系がデータベース化されていなければ，膨大な商品が保管された倉庫から商品を取り出すこともできなければ，流通のラインに流すこともできない。

信頼を確立する双方向コミュニケーション

社会技術を活用したプラットフォームの構築のためには，双方向性のあるコミュニケーション環境が必要である。しかし，社会技術への理解を得ていくことは易しいものではない。技術による見えないリスクを感じるからである。藤垣（2007）によれば，科学技術のコミュニケーションには2つのモデルがあるという。PA モデル（public acceptance：科学の受容モデル）と PUS モデル（public understanding of science：双方向モデル）である。PA モデルでは，知識量は専門家が圧倒的に豊富で，市民はその知識が欠如しているから，専門家から市民に知識が一方的に流れる。PUS モデルでは，市民は専門家とは異なる別の判断基準を用い，知識量ではなく，科学的合理性とは別の価値観（社会的合理性）が働く。このためプロも気づかないような問題の発見も含めて双方向のコミュニケーションが必要となってくるというものである。

リスク・コミュニケーションにおいても，PA モデルでは，プロによるリスク評価があり，それをもととした住民とのリスク・コミュニケーションの流れになる。しかし，双方向の PUS モデルでは，まず専門家と住民の双方が参加したリスク・コミュニケーションとなり，次にリスク評価となる。専門家の価値観とは異なる住民からの別の価値が洗い出され，専門家が気づかない現場知の積み重ねなどからより突っ込んだコミュニケーションによって，現場に即した評価のステップに入っていけることとなる。

信頼形成に必要な第三者による認証・評価機能

社会技術の事業化においては，そのプラットフォームの有用性について第三者による認証・評価があると，品質や安全性などの信用が速やかに形成されることになる。サービス提供者と利用者との間には情報の非対称性がある

ため，ビジネスが成り立つために必要な信用が形成されにくい。その典型的なプラットフォームが，農産物のトレーサビリティシステムである。食の安全安心への関心が急速に高まっていることから，第三者による残留農薬の安全性が評価されると消費者は安心して農産物を購入し，さらにはリピート購買にもなってくる。

第三者による認証に替わる方法の1つが，サービスの可視化である。ジェネリック医薬品通知システムでは，医療費の削減効果を具体的に数値で示すことで，プラットフォームの信用を仲介している。民間企業の健康保険組合や国民健康保険から直接被保険者個々に具体的な数値によってサービスを可視化する効果は大きい。

食品の遺伝子検査では，米で482品種と全国作付面積の95％以上をカバーできる遺伝子標本，ライブラリー（標準標本）が用意されている。このライブラリーを参照したサービスの可視化ができるようになっている。生活習慣病予防システムも，生活習慣病関連遺伝子検査「ジェノマーカー」で生活習慣病の発症リスクを5段階で分類し棒グラフでわかりやすく示すことで，サービスを可視化している。それも生活習慣病関連DNAのライブラリーがあるからである。

(3) 情報の非対称性解消と社会技術の事業化

情報の非対称性解消とプラットフォーム構築の条件

社会技術のプラットフォームを構築するに際し，情報の非対称性を解消する機能として，標準プロトコル，双方向性，認証・評価機能の3つの機能を考察したが，社会技術の開発事例に適用してみよう。

食の安全安心の領域では，農薬使用の農作業記録に必要な共通コードと残留農薬の安全性評価や食品安全性を評価する遺伝子標本ライブラリーと，いずれも安全安心を確実に伝達するための認証・評価機能が基本要素となっている。食の安全安心が食品の偽装問題などから社会問題化したこともあって，その安全性を担保・認証する機能がプラットフォームに組み込まれる必要があるからである。防災・国土保全の領域では，緊急時情報の正確かつ迅速な情報伝達が強く求められている。正確な情報伝達とそのインテリジェン

図表 5-8　社会技術のプラットフォーム適用の技術要件と基本要素

領域	社会技術	事業化の技術要件	コアとなる基本要素
食の安全安心	農産物トレーサビリティ	農家による栽培記録とOCR読み取り 共通のコードを用いたデータ入力	残留農薬の試験評価 情報共有のためのコード化
	食品の遺伝子解析	食品遺伝子標本のライブラリー 品種鑑定の検査・分析用キット	遺伝子標本ライブラリー
	生活習慣病予防診断システム	微生物の遺伝子波形ライブラリー 生活習慣病関連遺伝子検査	遺伝子標本ライブラリー
防災・国土保全	移動体モニタリングシステム	GPS活用の移動体管理ソリューション 災害時情報の相互通報システム	迅速な情報把握と応答性
	緊急時安否確認メール	緊急時情報の自動配信・高速配信・管理機能	適時的確な情報伝達
	ICタグ活用の緊急災害測量管理	ICタグとGPSとGISによる位置情報の活用 情報端末による追跡可能性の確保	保全情報のインテリジェント化と報告管理機能
医療・福祉支援	ジェネリック医薬品通知システム	レセプトデータ変換技術とそのコード化	レセプト情報のコード化
	介護モニタリング・オンコール電話	携帯電話を活用した遠隔操作技術	双方向の情報共有
	独居高齢者安心見守りサービス	看護師を含むオペレータによる緊急通報・生活サポートシステム	双方向のコミュニケーション
環境エネルギー	自然エネルギー活用住宅	環境意識の高い生活者へのコンサルティング	現物展示による技術公開 プロトコルの明確なコンサルティング公開
	太陽光発電付賃貸マンション	新エネルギー利用と光熱費軽減の双方のメリット 逆潮流あり系統連係型システムの技術評価・実証実験	実証実験による技術評価と稼働実績の情報

（出所）筆者作成。

ト化の確認作業が緊急時の防災・国土保全で求められるからである。正確な情報伝達のための標準プロトコルがプラットフォームの有効な機能となっている。

　医療・福祉支援領域では，双方向のコミュニケーションが基本となる。ただし，ジェネリック医薬品通知システムではレセプト情報のコード化がプラットフォーム構築に欠かせない要件となっているように，プロトコルの標準化も医療・福祉支援領域では欠かせない。環境エネルギー領域のプラット

フォームでは，現物展示による技術公開や実証実験による検証データが認証・評価機能を高めている。

このように，社会技術を活用したプラットフォーム構築においては，情報の非対称性を解消するための標準プロトコル，双方向性，認証・評価機能が対象とするビジネス領域で有効に組み入れられている。それはまた，事業化を支える要素ともなっている。

情報の非対称性解消と社会技術の事業化

社会技術を活用したプラットフォームは情報の非対称性を解消することが不可欠で，開発事例でもいずれかの要素を組み入れている。標準プロトコルは適時適切，正確かつ迅速な情報伝達に不可欠なプラットフォーム機能であり，双方向のコミュニケーションは医療・福祉など対人的サービスに欠かせない機能である。さらに，認証・評価機能は安全安心の保障や技術の有効性を担保する機能としてプラットフォームに組み込まれる要素である。

このような情報の非対称性解消のプラットフォーム機能が明確に適用されてこそ，社会技術の事業化に有効になると考察できる。

❺ 社会技術の収益性確保へのネットワーク効果の活用

(1) 社会技術の収益性確保へのネットワーク効果増幅戦略

収益化のためのネットワーク効果の活用

社会技術が収益性を確保するのは，必ずしも容易ではない。社会技術の用途が特定され，市場が限定的であるからでもある。そのような制約のある市場でも，プラットフォームの本質であるネットワーク効果を働かして収益化を図る方途を探ることが重要である。ネットワーク効果は，需要を引き出して規模の経済性を確保することが前提になるからである。

ネットワーク効果は，サイド内であればプラットフォームの標準化，スタンダードを築き需要を広げていく戦略が志向される。スタンダードを握れば収穫逓増の法則に導きやすいからである。サイド間のネットワーク効果は，

不足がちな経営資源を補完するための有効な手立てであり，サイドとサイドの間で相乗的な相互作用を生む正のシナジー効果（相互にメリットが享受できる作用）を高めていくこととなる。

サイド内ネットワーク効果深耕戦略——移動体モニタリングシステムの例

　サイド内ネットワーク効果を徹底して追求している企業が，移動体モニタリングシステムを主事業とするモバイルクリエイトである。モバイルクリエイトはタクシーの配車センターの効率化に着目して事業展開したが，メータを倒すと実車情報が把握できる技術の実現に加え車の位置情報を地図上で把握したいというニーズからデータ通信システムへ事業拡大するきっかけになったという。タクシー業界は全国でも27万台の需要規模だから大手企業が進出していなかったことが幸いした。そこで，GPS・CTI自動配車システムを開発し，お客さまからの依頼から瞬時に最適車両を地図上で自動検索，カーナビ連動の配車システムでスピーディに配車指令する。速くて3秒で処理できるという。利用客にとっては，何分で配車できるという確実な情報が得られ，安心して速く来てもらえるという評価がサイド内ネットワーク効果の源泉となっている。顧客に確実な迎車情報を提供することによる評価が，次から次へと需要を創造するサイド内ネットワーク効果を増幅する起因となっている。

　顧客が困ったところを解決するソリューション提供が経営の原点で，タクシーの業務無線の代わりになるデジタル携帯通信網を利用したデータ・音声通信端末の開発，さらに，乗客がどのような電子マネーを使っていても対応できる決済端末の開発という独自の開発を手掛けることができたのも，サイド内ネットワーク効果の深耕戦略にこだわったからである。

　このような蓄積によって，範囲の経済性を働かせることができる，需要がより大きなトラック業界（約800万台）に，同様のモバイル・ロケーション・モニタリング・システムを提供し，輸送の効率化によるコスト削減に寄与している。さらに，バスロケーションシステムから防災システムまで，マルチサイド・プラットフォームとしての事業拡大ができ業績は急成長している。

サイド間ネットワーク効果増幅戦略――太陽光発電付賃貸マンションの例

　太陽光発電付賃貸マンションのケースでは，完成物件11棟340室すべてで満室，入居の空き待ちとなっている。その要因は，マンションオーナー等のサイドと入居希望者のサイド間でのネットワーク効果増幅戦略が効を奏しているからである。

　太陽光発電付賃貸マンション事例の最も特徴的なところは，その設計手法にある。容積率から入るのではなく，敷地形状から太陽光パネルの設置枚数を換算し，1戸10枚で430枚として43戸，6階建ての屋根一体型マンションと想定するからである。太陽光発電パネル等は屋根材と考えエコ給湯設備等も標準装備とし，安く仕上げる設計にする一方，ユーザーが注目するようなマンションデザインや1階にペット用グルーミングルームを設置するのも犬毛等で配管がつまるリスクの無駄を省くためである。

　マンションオーナーには，このような設計手法の説明ばかりでなく，各種補助金を活用した月単位のキャッシュフロー計算書を開示する。きめ細かな家賃設定と徹底した補助金活用が明示されている。入居者には，売電，買電のツーサイドのデジタルメーターが戸別に設置され，余剰分は売電できる。全戸エコ給湯のオール電化マンションで結果光熱費が非常に少ないことが訴求されている。全戸の電気代がシミュレーションされ，地元テレビでしばしば放映され評判となっているから入居率は高い。マンションの入居者のサイドと太陽光発電付賃貸マンションのオーナーのサイドのサイド間のネットワーク効果が相互に増幅していくサイクルがここに働いている。

　このようなサイド間のネットワーク効果増幅が行き届いているからこそ，次なる事業も視野に入ってきている。その1つは，太陽光発電のオフィスである。省エネデシカシステム，セントラル浄水器，CCFL・ネオルック・LED照明などを組み合わした実験が行われている。もう1つは，電気自動車の充電インバータ設置である。災害時には電気自動車から5日間マンションに一定の電気供給ができる。一方平常時では，電気自動車の夜間充電ができるツーサイドのインバータである。

(2) バンドル化とプラットフォーム架橋戦略

収益化のためのプラットフォーム戦略

　プラットフォームの収益化のためには，ネットワーク効果を増幅させて需要における規模の経済性を高めることで収益性を確立するという方法に加え，もう1つ別の方法がある。異なるプラットフォームの胸を借りる方法である。その方法は，有力なプラットフォームにバンドル化する方法と親和性のあるプラットフォームにブリッジする架橋戦略がある。

　不足する経営資源を補完するためのブリッジ化は，有力なブランドの商品・サービスと抱き合わせ販売することで商品・サービスの価値を浸透させていくというマーケティングで多く採られる戦略である。プラットフォーム架橋戦略も同様に敵対的でないプラットフォームとの相乗効果が得られるような販売のシナジー効果を得る方法である。

バンドル化戦略——緊急時安否確認メールの例

　「一番の難題は誰が費用を負担するかというビジネスモデル」ということを強く意識した緊急時安否確認メールの事例は，社会技術の収益化を考察するとき大いに参考となる事例である。その収益性を導くステップの第一に採った戦略がバンドル化である。同社が付帯型サービスと名づけているように，有力なブランドが定着している百貨店，メガネチェーン，カード会社などとのタイアップである。百貨店等の会員サービスは，メールアドレスが集まりにくかったことから，顧客にとって利便な情報として災害時の安否確認メールをサービスとして付帯した。次いで，損害保険会社に同様の付帯サービスを持ち込んだ。損害保険会社がそろって付帯サービスとして採用している。有力なプラットフォームと抱き合わせでバンドル化する戦略である。

　その実績を背景に，事業継続計画の一環で需要が高まりつつある企業向けに従業員安否確認メールをASPサービスで提供することができた。汎用型サービス事業である。福岡県が採用し66プロジェクトにもなるという住民向け・職員参集向けメール配信事業である。これらの経験から，ユーザーサイドをさらに拡張する戦略を導くことができるようになった。社内教育用テキ

第5章　社会の諸問題解決へのプラットフォーム構築の条件　131

スト・テスト配信や学習塾児童帰宅メール配信，さらには雑誌販売時コンテンツ配信など，タイムリーな情報配信サービスが軌道に乗ってきている。

　このような自らのプラットフォームに隣接する別の有力なプラットフォームにバンドル化する戦略は，社会技術特有のサービス，社会的に有益なサービスだからこそ有力なプラットフォームに付帯することができ，収益性確保の源泉にすることができたと理解できるものである。

プラットフォーム架橋戦略――自然エネルギー活用住宅の例

　自然エネルギー活用住宅を事業とするエコワークスは，環境に優しいライフスタイルを追求し顧客へ環境コンサルティング・サービスを展開している地方の住宅工務店である。従業員のほぼ全員がエコ検定の保持者である。提案しているLOHAS[9]な住まいづくりとは，「体にも心にも地球にもやさしく，美しい木の住まい」である。当社の顧客は，環境問題に敏感な関心を有した先進的な感覚の鋭い顧客層である。福岡にモデルハウスを展示するきっかけになったのは，居間にカーソンの『沈黙の春』を置いているほど環境にシビアな顧客の強い勧めがあったからだという。Rogers（1995）のイノベーション論でいう，環境に優しい生活スタイルを強く志向するイノベータ層である。太陽電池集熱採暖喚起システム，太陽熱給湯システム，地冷熱利用採涼喚起システムなどの自然エネルギーを活用した住宅システムを大半の顧客が採用するという。

　自然エネルギー活用住宅のハイブリット・エコハウスの収益化には，環境に理解のある顧客を獲得することが近道である。完成建物見学会に参加してくる潜在顧客の5％が真の顧客になるという。この手法は，プラットフォームのサイド内ネットワーク効果を働かせる方法である。ハイブリット・エコハウスの既存顧客が潜在顧客を連れてくるサイド内ネットワーク効果である。

　もう1つが，プラットフォーム架橋戦略である。当社がモデルハウスを展示しているのは熊本と福岡であるが，福岡のヒット大野城住宅展示場には，大手住宅メーカーが大半の28棟が展示されている。この住宅展示場が巨大なプラットフォームとなって，プラットフォームへの「フリーののぞき見客」

を多く惹きつけている。この展示場のプラットフォームにブリッジ（架橋）して，自らのプラットフォームのモデルハウスに関心を寄せる顧客を獲得する戦略である。のぞき見客（年間1,000人程度）の３％が顧客になるという。経営資源が限られたなかでの有効なプラットフォーム架橋戦略である。

❻ 社会技術のプラットフォーム構築の条件と戦略

(1) 社会技術のプラットフォーム構築の条件

プラットフォーム構築の条件

これまでの考察をまとめると，社会技術のプラットフォーム構築の条件は，次のようなステップを描くことができる。

①需要規模の確認

プラットフォームが効果的なのは需要における規模の経済性が働くことにある。社会技術への需要がどこからどの程度生じてくるかをあらかじめ確認することがプラットフォーム構築の条件となってくる。その需要規模は社会技術の市場の大きさの判断材料になるばかりでなく，事業化の成否を左右することにもなる。

②プラットフォーム構築・運用主体

社会技術の開発者が自ら投資してプラットフォームを構築，運用する主体になるか，社会技術の提供者にとどまるか，プラットフォームの運用受託を担うのかなど，ポジションを明らかにする。

③サイド構成の明確化

プラットフォームを構成するサイドを明確にし，優遇されるサイド，看板となるサイドからの需要をいかに高めるかを見極める。さらに，多面的なサイド形成の可能性を探ることも要件である。

④費用負担サイドの負担を軽減するマッチング機能

サイド構成にあわせ，費用負担サイドのコスト削減につながるような取引情報，アクセス情報等のマッチング機能を講じる。需要における規模の経済性をさらに高めることにも有効である。

⑤情報の非対称性解消機能の適用

社会技術の事業化において欠かすことのできない情報の非対称性を解消するプラットフォーム機能を組み入れる。その機能はプラットフォームの市場特性に応じて，標準プロトコル，双方向性，認証・評価機能を適宜組み合わせて活用する。

⑥ネットワーク効果の活用

直接的なサイド内ネットワーク効果を深耕することや間接的なサイド間のネットワーク効果を活用して，プラットフォームのネットワーク効果を極大化する。次いで，サイド間ネットワーク効果から新しい事業創造の種を生み出すことに注力する。

⑦バンドル化・プラットフォーム架橋戦略による市場深耕・市場拡張

少ない経営資源を補完するため，有力な顧客のプラットフォームやサイドにバンドル化あるいは架橋して市場深耕・市場拡張を図っていく。その戦略によって，プラットフォーム間の競争優位性を獲得する行動を展開する。

事業化を導くプラットフォーム事業戦略の枠組み

社会技術の事業化を導く事業戦略を明確にすることも必要となってくる。自らの社会技術が技術と市場のどこのポジションに位置づけられるかによって採用すべき事業戦略が異なるからである。

技術と市場を軸にしたポジショニングから事業戦略の枠組みを整理すると，図表5-9のようになる[10]。

熟知した技術をもととした市場戦略は，熟知した市場であれば独自に市場開拓することができる。市場は新規だが既知であるとき用途拡大を軸としたバンドル化が有効である。プラットフォームのサイドを付加することができる。そして，新規かつ未知の市場については有力な顧客等の事業に付帯してサービス提供するなどのバンドル化を優先することが望ましい。乏しい経営資源でスタートした企業事例はその後の販路拡大を有利にしているからである。

技術領域が新規だが既知であれば，熟知した市場では応用技術開発が可能

図表5-9 プラットフォーム事業戦略の枠組み

	熟知	新規だが既知	新規かつ未知
新規かつ未知	バンドル化 (有力なブランド への付帯)	プラットフォーム 拡張戦略 (学習目的的 チャネル提携)	プラットフォーム 新投資
新規だが既知	バンドル化 (用途拡大)	新事業開発戦略 架橋戦略 (ライセンシング)	プラットフォーム 拡張戦略 (カテゴリー開発)
熟知	独自開拓	応用技術開発 架橋戦略 (ライセンシング)	新技術開発

市場（縦軸） / 技術（横軸）

(出所) 筆者作成。

だが，市場開拓ではライセンシング・フィーあるいは参加費用を払っても有力な競争相手への架橋戦略が有効である。技術，市場ともに新規だが既知であれば，同様に架橋戦略あるいは社内ベンチャーなど新事業開発組織での開発が志向される。社内ベンチャー組織は人材育成にも有効である。新規かつ未知の市場については学習目的的なチャネル構築や提携のプラットフォーム拡張戦略が有効である。

技術が新規かつ未知であれば，熟知した市場では新技術開発がしやすい。しかし，市場が新規だが既知のとき新たなカテゴリー開発でプラットフォームを拡張することになる。競争を優位に導くカテゴリーの開発が強いリーダーシップのもとで経営戦略として選択される。市場が新規かつ未知であれば，技術も新規かつ未知であるからまったく新しいプラットフォーム構築へ新たに投資することになる。

このようにプラットフォームの事業戦略をポジショニングすると，バンドル化は熟知した技術で市場開拓するときに有効な事業戦略であり，架橋戦略もほぼ同様に市場が既知の場合に選択される。プラットフォーム拡張戦略

第5章 社会の諸問題解決へのプラットフォーム構築の条件

は，技術または市場のいずれかが新規かつ未知の時投資的に選択される。プラットフォームの新規投資は，技術も市場も新規かつ未知の場合の選択肢である。

(2) 社会技術の有用性を高めるプラットフォーム戦略

戦略的社会性をもつ社会技術のプラットフォーム

　社会技術の事業化には，もう1つ留意すべきことがある。それは，信念を貫いて事業を継続する力である。社会技術は，社会が抱える複雑な問題を解決するための技術であるから，その開発を担うベンチャービジネスは，社会貢献を強く意識することとなる。社会に役に立つ技術の開発だからこそ，なんとか実用化を遂行する努力を積み重ねている。

　この企業のマネジメントスタイルについて，金井（1999）は，「21世紀の組織とミドル」というテーマのプロジェクトで，経営者アンケート調査の結果から，社会的価値志向－企業価値志向という軸と自律性－他律性という軸をもとに，これからの企業モデルを探っている。

　それによれば，他律的で企業価値重視の企業は組織管理型で従来からの伝統的な官僚制的な企業であり，他律的であるが社会的価値重視のタイプは公営企業などのような社会貢献を追求しながらも組織の利益を追求するような経営管理を指向する。自律的な行動で企業価値を追求するタイプは，効率性のみで行動するのではなく，参加者の自律性によって新しい事業を勝ち得ていく企業モデルとしている。参加者の自律性と創造性で社会的価値の創造を事業で実現しようとする企業モデルを，ソシオダイナミクス企業としている。社会貢献を意識し，社会的価値の創造を達成する行動原理を「戦略的社会性」と定義している。

　社会の諸問題解決のための社会技術の事業化においても，この戦略的社会性を色濃く情報発信する必要がある。社会技術が訴求する問題意識と感性を広く情報発信してこそ収益化の方途が開けてくる。そのためには，問題解決の前に，問題の所在，問題の発見，テーマの設定が課題となってくる。そして，必要となる情報の意味するところの理解，社会的な問題の発生場所の確定，所持者との関係など，情報を発信していく能力と態度を明確にして，戦

略的社会性を帯びた社会技術の社会的な有用性が強調される必要がある。

社会技術の有用性を高めるプラットフォーム戦略

　開発事例で取り上げた社会技術は，何らかのきっかけで，社会技術の有用性を切り開いたものばかりである。

　太陽光発電付賃貸マンションでは，社員が「太陽光発電は集合住宅には載せられないのですか」とつぶやいたことが事業化への糸口となっている。そして，「逆潮流あり系統連係型システム」の問題解決には，九州電力等との現場での実証実験を繰り返し，高いハードルを越えていった。この高いハードルは，解決へのコストや困難性を意味する。

　DNA解析による食品検査のビジョンバイオは，遺伝子検査技術を習得しているとき，食品偽装問題の社会問題が報道され，新分野としての社会技術に進出している。安否確認・ライフメールのコム・アンド・コムも，当初iモードが立ち上がる情報を得て，ケータイコンテンツ分野に参入しようとしたが，福岡という地の不利もあり先行者優位を獲得できなかったことから，ケータイの法人利用というマーケットに着目している。ジェネリック医薬品通知システムのデータホライゾンは，システム開発の受託からパッケージソフトに進出し医療分野に参入したとき，レセプト審査がたいへんだという現場のニーズから電子レセプトを手掛けようとしたが，より大きな医療費削減のためのビジネスの必要性を体得したことが成長の原動力となっている。

　経験から技術能力を高め，ダイナミックに技術戦略を展開するというアプローチは，歴史が企業の競争優位に与えるインパクトとなる経路依存性として知られている。Barney（2002）によれば，あるプロセスが展開するその初期におけるイベントがその後のイベントに大きな影響を与えるとき，そのプロセスには経路依存性があるという。

　社会技術のような将来の価値がどの程度か判然としない技術開発では，その技術が将来もたらすかもしれない最大価値よりも低いコストで開発することができる。ひとたびその社会技術の将来価値が市場で明らかになると，後から参入しようとする他の企業は，その社会技術の将来価値をフルに反映したコストを支払わねばならなくなるからである。このような経路依存性を帯

びた社会技術こそが，社会に受容されていくことになる。

　社会技術の有用性を高めるためにも，プラットフォームのネットワーク効果を増幅したり，バンドル化や架橋したりするなど，経営資源を補完するようなプラットフォーム戦略を駆使する必要がある。その戦略枠組みは，図表5-9で示した戦略ポジションの組み合わせであり，その選択が事業化を円滑に導く道標となる。

注
1）社会技術研究開発センターのホームページから。
2）同上。
3）インプット社の受注実績とインタビューから。
4）呉市に続いて地方自治体6件の受注実績となっている（2010年6月）。
5）自然エネルギー活用住宅では，事例のほか，新潟県で「雪冷熱エネルギー住宅」の建築を推進しているように地域性がある。
6）インプット社の受注実績とインタビューから。
7）インタビューで指摘された。
8）Japanese Article Number の略で，日本の共通商品コードとして流通情報システムの基盤となっている。
9）lifestyles of health and sustainability の略で，健康や環境問題に高い関心をもつ消費者へのマーケティングに使われることが多い。
10）事業戦略は第3章，第4章の考察も踏まえて論述している。

第6章

社会の諸問題解決へのプラットフォーム協働モデル
―高齢化社会問題をケースとして―

❶ プラットフォーム協働モデルの概念

(1) プラットフォーム協働モデルの概念

知識協働・価値交換のプロセスの場となるプラットフォームの概念

　問題解決のための社会技術は，情報通信技術（ICT）など工学的なアプローチとともに，社会科学の知見を応用し，学術研究のインターディシプリ

図表6-1　社会技術のプラットフォーム概念

```
        ┌─────────────────────┐
        │   社会生活システム革新    │
        └─────────────────────┘
                  ↑
                事業化
        ┌─────────────────────┐
        │   社会技術プラットフォーム   │
        │ ～知識協働・価値交換プロセスの場～ │
        ├─────────────────────┤
        │        基本要素         │
        ├──────┬──────┬──────┤
        │標準プロトコル│ 双方向   │認証・評価制度│
        │       │コミュニケーション│       │
        └──────┴──────┴──────┘
                  ↑
               社会的形成
┌────────┐  ┌─────────────┐  ┌────────┐
│ 社会科学の  │→ │社会の諸問題解決のための│ ←│ICT・センサー│
│  知見応用  │  │   社会技術      │  │ 技術等活用 │
└────────┘  └─────────────┘  └────────┘
```

(出所) 筆者作成。

ナリーな横断的な漸進的アプローチ，社会工学的アプローチなどから推進することができる。その社会技術を用いて，ベンチャービジネスや地方自治体，大学・研究機関などが連携して，知識協働・価値交換のプロセスの場としての「社会技術のプラットフォーム」を構築する。経験やノウハウを連携して知識にする協働の行為やそこから生まれる価値を交換するプロセスの「場」がプラットフォームである。

協働の定義とプラットフォーム構築の要件

　プラットフォームは，プラットフォーム事業者だけで構築できるものではない。取引先などを巻き込んでプラットフォームの補完事業者とするツーサイド・プラットフォームから，サイドを付け加えてマルチサイド化するにつれ，プラットフォームの構成が多様なネットワーク組織からなり，その組織間で相互作用が働いてくる。

　プラットフォーム・モデルの仮説提示で（第1章），先行研究として取り上げた伊丹（1999，2005）は，場のマネジメントの要件として，次の4つを提示している。

　①アジェンダ（情報は何に関するものか）
　②解釈コード（情報はどう解釈すべきか）
　③情報のキャリアー（情報を伝えている媒体）
　④連帯欲求

　これらの要件は，プラットフォームという場を成り立たせる要件であり，問題解決を図っていく場としては欠かせない視点である。何の問題解決を論じているのかのアジェンダ，問題解決を図る共通のコード，問題解決を明快にする媒体，そして，メンバー間に生れる問題解決への連帯欲求が大きな変数になるからである。

　伊丹（1999，2005）は，組織の構成員が情報の交換プロセスにおいて情報の意味を発見し，新しい情報の創造を行う一連のプロセスの総体を情報的相互作用（情報の処理，創造，交換，蓄積のための人々の間の相互作用）とし，その結果，共通の理解と心理的共振が起こるとしている。そのもとで，個々人の決定や学習や実行が組織として1つのまとまりをもってくる。それ

を，「協働」と定義している。

　問題解決を図っていく場としてのプラットフォームを成り立たせる要件は，何の問題解決を論じているのかのアジェンダ，問題解決を図る共通のコード，問題解決を明快にする媒体，そして，メンバー間に生まれる問題解決への連帯欲求となる。その連帯欲求を高めていくためにも，標準プロトコル，双方向のコミュニケーション，認証・評価機能というプラットフォームの基本要素が，問題解決の場としてのプラットフォームを効果的にする要件ともなる。

(2)　協働の定義とネットワーク組織

プラットフォーム協働モデルと多様なネットワーク組織の形成

　社会技術のプラットフォームは，別の表現でいえば，社会技術をビジネスとして成り立たせるプラットフォームでもある。社会技術を活用したビジネスは容易に事業化や市場が形成されにくい領域である。価値交換のプロセスを単独で組み立てることが容易ではないからである。

　社会技術を活用して社会的な問題解決に取り組むビジネスが成り立つためには，潜在的な需要を誘発してくるようなプラットフォームを社会的に形成し，そのプラットフォームを拠りどころに競争行動を展開することが必要である。

　本章で取り上げるプラットフォーム協働モデルは，社会的な問題解決のために，社会技術を開発し蓄積してきたベンチャービジネス等が，関係者，関係機関と協議し学習し実験を繰り返すなかで，問題解決の方向を協働で模索していきながら，共通のプラットフォームを構築していくことを想定している。

　西口（2007，2009）は，ネットワークと社会システムの理論から，ネットセントリックとソーシャル・キャピタルの論点を重視した場の研究を提示している。ネットセントリックは，意思決定や活動の「中心」が特定の一点ではなく，ネットワークそのものにあるとする新しい考え方である。そこでのキーワードは，リワイヤリング（情報伝達経路のつなぎ直し）であり，行き詰まった企業が新リーダーによって組織改革を進め業績が回復するプロセス

では，必ずシステムの全体経路にリワイヤリングが大胆に起こっていることを，アイシン精機火災事故の教訓などから導出している。

社会技術を活用して社会の諸問題を解決するプラットフォーム協働モデルは，協働を生む要件を備え，事業創造のソシオダイナミクス・ネットワーク[1]の概念に依拠して成り立つものであるとともに，そのネットワーク組織のなかでリワイヤリングが大胆に起こってくる動態的な組織体である。

ソーシャル・キャピタル豊かな社会とイノベーション

もう1つのソーシャル・キャピタルは，パットナムの定義から，「人々の協調行動を活発にすることによって，社会の効率性を高めることのできる『信頼』『規範』『ネットワーク』といった社会的仕組みの特徴」，言い換えれば，「相互支援のネットワークから得られる共有資産」「人と組織の間の見えざる資産」というものとしている。西口は，「単純化していえば，ソーシャル・キャピタルの豊かな社会では，かりに制度や法に不備があり，運用面で多少ギクシャクしても，人々は，お互いの信頼にもとづく協働活動と問題解決力によって，究極的には問題を克服し，低コストで全体目的を達成する」と考察している。

そして，プラットフォーム協働モデルが働くところでは，社会生活システム革新がもたらされる社会が希求されなくてはならないだろう。それは，ソーシャル・キャピタルの豊かな社会でもあり，ソーシャル・キャピタルの豊かな社会がイノベーション創発の源泉になると考えるからである。

❷ 高齢化社会の問題解決のプラットフォーム協働モデルの事例

(1) プラットフォームを活用した高齢化社会の問題解決

高齢化社会の問題解決へのプラットフォーム協働モデル

日本社会が直面する高齢化社会は，われわれが直面したことのないさまざまな諸問題を投げかけている。そして，90歳，100歳以上の高齢者が増えつつある長寿社会にも遭遇している。そのような長寿社会のもとで，高齢者が

生きがいをもって健康で安心して生活するための条件を探ることにしたい。高齢者であっても働く喜びを求めたいものであり，健康を増進していきたいからである。しかし一方で，地域コミュニティとのコミュニケーションを喪失した独居高齢者の問題が社会問題化している。さらに，地方の中山間地は急激に独居高齢者が増加し，体力的にも相互扶助できない状況で集落・コミュニティの存続も危惧されるところまできている。

「高齢者の医療問題」「独居高齢者の見守り」「高齢者の働きがい」「高齢者が安心できる居住環境」をテーマにプラットフォーム協働モデルが働く条件を探っていくこととする。

高齢化社会の問題解決への事例抽出

プラットフォーム協働モデルが働く場として，「高齢者の医療問題」「独居高齢者の見守り」「高齢者の働きがい」「高齢者が安心できる居住環境」という視点での問題解決プラットフォームの形成とそこでの事業創造の事例を取り上げる。もとよりここで対象とする事例ですべての問題解決が得られるものではないが，プラットフォーム協働モデルが有効に機能する事例を抽出した。

高齢者の医療問題については，健康保険組合や国民健康保険の保険財政が逼迫していることから，医療費削減に取り組むプラットフォーム「医療費削減・健康増進プラットフォーム」を考察する。医療費削減のためには高齢者が健康で医療にかからないことが望ましいことから，高齢者の健康増進がテーマとなる。対象とする社会技術は，第5章で事例としたジェネリック医薬品通知システムである。

独居高齢者の見守りについてはサービスのさまざまなアプローチがあるが，プラットフォームを形成している事例として，独居高齢者安心見守りサービスの社会技術を応用した「独居高齢者の生活支援プラットフォーム」を対象とする。このプラットフォームの形態は，データベースを活用したソフトウェアと機器メディアである。

高齢者の働きがいについては，過疎化が進む中山間地で高齢者が農産物の販売に協働して取り組み働きがい・生きがいを求めている事例を考察する。

図表6-2　高齢化社会の諸問題とプラットフォーム事例

		プラットフォームの形態		
		ソフトウェア	メディア機器	商業・都市施設
高齢化社会の諸問題	加齢に伴う病気・医療問題と健保財政の逼迫	医療費削減・健康増進プラットフォーム		
	一人暮らし老人の増加と孤独死等への社会不安		独居高齢者の福祉支援プラットフォーム	
	高齢者の就労意識の高まりと新たな公への期待			高齢者の働きがいと食の安全安心プラットフォーム
	中山間地の限界集落問題や高齢者世帯の二地域居住意識の高まり			高齢者移住のタウンマネジメントプラットフォーム

（出所）筆者作成。

対象とするのは，道の駅など農産物の直売所である。ただし，そこでの販売は食の安全安心と裏腹の関係にあることから，その社会技術であるトレーサビリティシステムを軸としたプラットフォーム「高齢者の働きがいと食の安全安心プラットフォーム」を考察する。

高齢者が安心できる居住環境については，住宅システムなどの社会システムを創造している，移住しやすいまちづくりの事例「高齢者移住のタウンマネジメント・プラットフォーム」を取り上げる。

いずれのプラットフォームにおいても，市民企業家がプラットフォームを協働して組み立てているソシオダイナミクス・ネットワークの構造が把握できる事例であるばかりでなく，ソーシャル・キャピタルを考察していくこともできる。

(2) 医療費削減・健康増進プラットフォーム

高齢化社会と医療費削減問題

加齢に伴い高齢者の疾病による老人医療費の増加は，健康保険制度を大き

く揺さぶるまでになっている。国民医療費は約33兆円を超えているが、そのうち65歳以上の老人医療費が過半数を超えている。

　健常者が発症しないような1次予防としての疾病予防の充実だけでは医療費増加を抑制するまでには至らない。基本は健康診断で生活習慣病予備群を早期発見し合併症を予防するなどの早期治療の2次予防を徹底することが医療費削減に効果をもたらす。そして糖尿病などの慢性疾患が重症化しないための3次予防の保健指導は、より効果的な取り組みとなる。

　医療費削減のためには高齢者の健康増進が必要となってくる。そのためには、レセプト情報を「誰かが継続して観察し続ける」[2]ことが社会的に講じられなくてはならない。それが、医療費削減・健康増進プラットフォームが目指すところである。

医療費削減・健康増進プラットフォームの事業化プロセス

　ジェネリック医薬品通知サービスは、診療報酬明細書（レセプト）をデータ化して分析し、被保険者に価格の安いジェネリック医薬品を紹介する通知サービスで、健保組合から預かった加入者のレセプト情報を電子データ化し、使われた医薬品情報をデータベースと照合、同じ効果のある後発医薬品があれば薬品名と削減できる金額を示した通知書を加入者に送付する仕組みである。

　ジェネリック医薬品通知サービスは、健康保険組合・国民健康保険とその加入者に、医療費削減という共通のメリットが享受できる情報サービスを提供するプラットフォームとなっている。ジェネリック医薬品通知サービスが、社会技術として、健保組合等とその加入者による医療費削減・健康増進サービスのプラットフォームとして形成されていく過程では、それ相応の技術と制度設計が開発されなくてはならない。

　データホライゾンが、ジェネリック医薬品通知サービスに進出するきっかけとなったのは、調剤薬局の業務サポートシステムを受託していたころ、顧客の薬局から「レセプトの請求過誤を調べるのが大変」ということを聞いたことからだった。保険支払いのための過誤チェックが人手で処理され、傷病名や処置内容のデータなどは使われていなかった。そこで、レセプトの電子

化ビジネスが情報システム会社としての発想から当初浮かんだが，医療費抑制のための健康増進サービスという社会的な大きな問題解決に活用できるのではと示唆されたことが社会技術を開発するきっかけとなった。

　そこで，第一歩として，大量の文字書き込みが大半のレセプト情報をデジタル化することに取り組む。そこでの技術の差別化は，独自のコード化技術を標準とすることにある。厚生労働省が定める病名コードは約2万だが，医療現場では「急性腸炎」を「腸炎（急性）」と記載するケースもあり，レセプト上は30万から40万になる。傷病名や薬剤名，医療材料など100数十万項目を収録した独自の基本データベースを構築し，正確な記入でなくとも光学的に読み取ったレセプト記載文字をデータベースと突き合わせ，前後の文字列からコードを推定できるソフトによって，9割以上の高精度で有効な電子データに変換するシステムを開発した。このシステムによれば，被保険者ごとの膨大な記録をコード化すれば，健康保険組合が医療費の変動をさまざまな角度から分析できる。傷病名コード，診療行為コード，医薬品コードと，コード間の結合も有力な要素技術となる。

　このような医療現場からの知識情報をコード変換する，コード化技術という知識の変換能力がデータホライゾンの競争力を培うこととなった。

　薬剤は数年ごとに入れ替わるほか，新しい薬や医療材料が市場に投入されるたび，問題となりかねない医薬品の併用パターン情報を含めデータ更新も膨大である。これらを随時更新しデータベースを維持管理する社会技術が形成されていった。

　このジェネリック医薬品通知サービスについて，社会的にどのように評価されているのだろうか。

　呉市では，2008年7月，医療費削減効果の大きい国民健康保険被保険者に対し，ジェネリック医薬品促進通知サービスを開始した。ジェネリック医薬品へ転換することによって，被保険者の自己負担額を減らし，国保財政の健全化を図ることが急務とされていたからである。

　「ジェネリック医薬品促進のお知らせ」を通知した2,970名を対象に，アンケート調査が実施された（回答率35%）。その結果によると，回答者1,033人の81%がジェネリック通知に肯定的な意見を寄せている。医療費負担軽減に

なることが評価されている。否定的意見は17%にすぎないが，その多くがジェネリック医薬品の品質・効き目に不安があるとしている。次いで，この通知でジェネリック医薬品に転換するきっかけになるかという質問には，70%がなると答えている。「この通知で実際にジェネリック医薬品に切り替えた」人は293人（28%）で，次回から切り替えたいという人と合わせると55%に達する。通知の直接的な効果は相当程度高いものとなっている。

さらに，7月から11月までの累計で3,489人がジェネリック医薬品に切り替えたという。これにより，上記5カ月間の医療費に対し，全体で20,416千円の削減効果があったことになる。呉市の国民健康保険加入者は約6万人で，レセプト件数月7.1万枚，通知者数2,300人，切り替え者数延べ3,500人に達し，薬剤費削減額534万円とレセプト1枚当たり75円の削減効果があったという（11月単月）。

図表6-3　ジェネリック医薬品通知の例

ジェネリック医薬品使用促進のお知らせ

■番号　12345678

国保　一郎　様

平成20年2月処方分を現在，よく流通しているジェネリック医薬品に切り替えた場合の**薬のみの削減可能額**は

※1 **1,100円〜** です。

平成20年2月分の処方実績		ジェネリック医薬品に※2 切り替えることで 削減できる金額
医療機関・薬局区分	お薬代※1（3割負担）	
薬局	3,300	1,110 〜
合　計	3,300	1,100 〜

（100円未満切り捨て）

この明細について／使い方

本明細※3では、過去あなたに処方された医薬品と、同一成分のジェネリック医薬品※5に変更した場合の削減可能な金額を参考までにご紹介いたします。

平成20年2月分の処方実績					ジェネリック医薬品に※2 切り替えることで 削減できる金額
医療機関・薬局区分 薬品名※4	お薬の単価	数量	単位	お薬代※1（3割負担）	
薬局					
リポバス錠5　5mg	141.7	30.0	錠	1,270	390 〜
レニベース錠5　5mg	83.7	30.0	錠	750	340 〜
ベイスン錠0.2　0.2mg	47.5	90.0	錠	1,280	380 〜
合計				3,300	1,110 〜

（出所）呉市保険年金課資料。

医療費削減・健康増進プラットフォームの構造

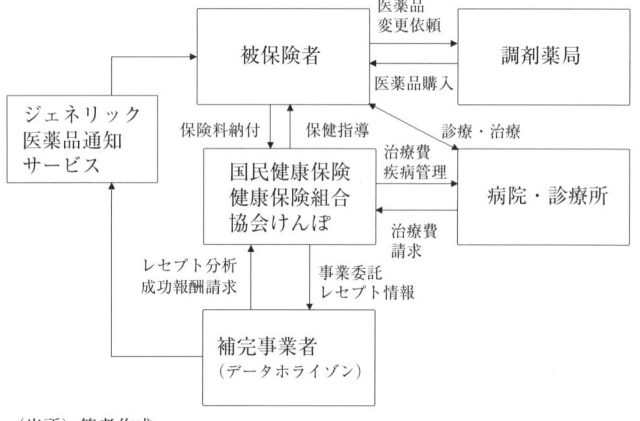

　医療費削減・健康増進のプラットフォーム構造は，国民健康保険，健康保険組合，協会けんぽの保険者とその被保険者のツーサイドから基本なっているが，レセプト情報を介在する病院・診療所や調剤薬局もプラットフォームに関与するプレーヤーである。ジェネリック医薬品通知サービスが紙媒体のプラットフォームとして年3回通知される。ジェネリック医薬品通知システムは，ジェネリック医薬品に切り替えることで，保険者のサイドには保険財政の医療費削減，被保険者には自己負担の医療費支出が抑えられるという，サイド間ネットワーク効果が働いている。

　補完事業者のデータホライゾンには出来高払いの委託契約が締結される。出来高払いとは，印刷等基本料は別として被保険者がジェネリック医薬品に切り替えた成果から算定された委託費が支払われるからである。システム事業の委託費でなく，出来高払いの成功報酬の形態である。

　このプラットフォームのアジェンダ（情報は何に関するものか）は，保健事業の健全な運営にある。保健事業には3つのコストがかかるという。

①レセプト電子化のコスト
②被保険者の検診受診率を引き上げるコスト
③保健指導のコスト

図表6-4　医療費削減・健康増進プラットフォームの構造

(出所）筆者作成。

このコスト負担の仕組みがプラットフォームの構造に埋め込まれている。ジェネリック医薬品通知サービスでジェネリック医薬品に転換したことによる保険財政の削減額を原資に，レセプト電子化コスト，レセプト情報からの生活習慣病予防など１次予防の検診受診の呼びかけコスト，さらには慢性疾患患者に直接保健師が出向いて保健指導ができる３次予防コストなど，効果的な運用が可能になるからである。国民健康保険では，市町の職員が紙ベースのレセプトを部屋中に並べ，集約し，チェックしている。膨大な人員と時間がかけられていた。電子化によって，重複して別々の病院で同じ治療をしていたり，同じ医薬品を指定されていたり，併用して飲んではいけない医薬品が判別できるようになったことも大きな成果である。

医療費削減・健康増進プラットフォームからの新市場創出

　ジェネリック医薬品通知サービスによってもたらされる医療費の削減額で，保健指導などの保健事業に取り組める原資を確保し，保険者の生活習慣病予防や適正な検診の受診率アップを達成することで医療費の抑制になってくる。

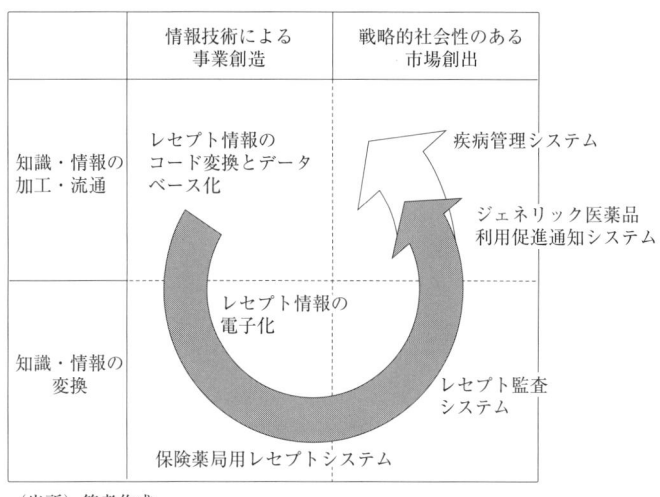

図表6-5　医療費削減・健康増進プラットフォームの市場創出プロセス

	情報技術による事業創造	戦略的社会性のある市場創出
知識・情報の加工・流通	レセプト情報のコード変換とデータベース化	疾病管理システム ジェネリック医薬品利用促進通知システム
知識・情報の変換	レセプト情報の電子化 保険薬局用レセプトシステム	レセプト監査システム

（出所）筆者作成。

第6章　社会の諸問題解決へのプラットフォーム協働モデル

この延長線にあるのが，慢性疾患の被保険者への疾病管理システムである。医療費削減に大きく寄与するのが，糖尿病などの慢性疾患の重症化予防にあるからである。糖尿病の場合，薬を飲んで月2回治療で年25万円かかる。インスリン注射での治療では年50万円，胃透析治療では年500万円である。このほか，脳血管疾患では手術に約239万円，虚血性心疾患の手術では約512万円かかる。これらの3次予防が効果的であれば医療費削減は大きく前進する。このための重症化予防の対象者をレセプト情報と病院医師等の協力で抽出できれば，保健師が在宅訪問して適切に健保指導することができる。

　疾病管理システムの新しい市場が，サイド追加によるプラットフォーム拡張戦略として創造されるところとなった。このようなプラットフォームが生み出す消費者余剰を追求する活動から新市場が創出できるというメカニズムが働くことこそ，社会技術を活用したプラットフォームの有用性であると強調することができる。

(3)　独居高齢者の生活支援プラットフォーム

多様な独居高齢者の安心見守りサービス

　急速に進む少子高齢化のもとで，独居老人の割合が高まっている。阪神大震災後，独居老人が孤独死する社会問題が表面化した。独居老人がいきいきと暮らしていける社会をいかに実現していくかが問われ，さまざまなアプローチが試みられている。その代表的なアプローチをみてみると，次のようなものがある。

①生活安心報知器・トイレ利用のお知らせシステム

　日常生活でよく使うトイレなどの場所にセンサーを設置し，一定の時間帯に人の動きがない場合に異常を判断してお知らせメールなどを通信する。徳島県美馬市では，市内に敷設した光ファイバー網を利用して独居高齢者の安否確認サービスに活用している。高齢者宅の天井にセンサーを取り付け，一定時間動きをキャッチできないと，自動的に近隣住民に連絡が入る仕組みである。

②独居老人向け映像確認システム・GPS端末利用の見守り

　監視カメラなどの映像をテレビ電話対応のFOMA携帯電話に送信するこ

とで，遠く離れた場所に暮らす独居老人の様子を家族が動画画像で確認できる。緊急事態も回避できる。また，日常生活において，洗面所で照明を点灯し鏡を覗き込む動作確認や，居間でテレビを楽しむ時間帯にテレビ台の上から顔情報を取得し顔色による健康見守りサービスを提供することも試みられている。長崎県諫早市は全国初のGPS（衛星利用測位システム）を使った携帯型の通信端末を使い，高齢者の現在地が家族らに一目でわかり，外出先での事故や急病も即時知らせるサービスを展開している。

③見守りハウスシステムや安否確認システム

　家電製品やガスの利用量や利用時刻をキャッチし，定時・平常時と異なっているとき家族・介護者に連絡する見守りシステムがある。象印マホービン（大阪）が2001年に全国で提供を始めた「iポット」が草分けで，無線通信機を内蔵した電気ポットの利用状況が，「6時26分電源，6時45分給湯」といった具合に1日2回メール送信されるシステムである。東京ガスは，「みまも～る」サービスを安否確認システムとして提供している。日々のガスの使用状況から食事の支度や入浴などの生活パターンを確認することができる。

④家庭配達業務を利用した独居高齢者の見守り

　新聞の集配業務や牛乳・ヤクルト配達を活用して独居高齢者への呼びかけや安否確認を行っている自治体もある。また，地域ぐるみでひとり暮らしの高齢者を見守る体制を講じ，見守り推進員が地域の民生委員と連携し，近隣の安否確認が必要な高齢者の状況把握や日常生活における心身の相談に応じる福祉サービスもある。

　このような独居高齢者の見守りサービスがこれまで多様に試みられてきた。しかし，高齢者のプライバシー問題や個人情報の取り扱いに苦慮するところも多いのが実情である。そのようななか，地域社会では，次のような声が上がっているところが多く（T市福祉懇談会議事録），見守りサービスは一様なサービスだけでは対応が困難なことも多いことが把握できるまでになった。

・高齢者のための活動に参加・協力してくれない高齢者が多い。自己主張が強い高齢者，訪問を拒否する高齢者など，対応に苦慮している
・あいさつや声掛けが活発になってきているが，もう一方では個人主義的

な人も増えている
- 高齢者の理解のための話し合いの場が必要だ
- 高齢者の緊急連絡網を整備してほしい
- 高齢者が多く，地域行事の担い手が高齢者ばかりになるおそれがある
- 独居老人が多く，見守り等について早急な対策が必要だが，特に昼間独居の方へ手が届いていない
- 高齢者の見守り等，助け合いに協力的だが，どこに支援が必要な人がいるのか，見守りを希望しない人への対応はどうするかなど，問題もある

これら地域社会の声は，至るところで議論されていることであるが，複雑化する地域社会の問題解決には地域の声にも配慮する必要がある。

独居高齢者生活支援プラットフォームの事業化プロセス

周南マリコムは，徳山下松港ポートラジオ局運営（山口県委託）のほか，情報通信技術（ICT）と無線技術を活用して，緊急通報システムと生活モニタリングにより，高齢者や生活に不安のある人への生活サポート・サービスを展開している。社会技術の事業化展開に先立ち，次のような視点を検討した。

①高齢者との間のコミュニケーションを日常的に円滑に行い，誤報の多発等を防止する
②利用者の詳細な個人情報を把握し的確な情報対応，日常支援を呼び掛けていく
③事業化ではあらかじめ高齢者と面識し高齢者が気軽に相談できる環境を用意する
④高齢者への対応が事務的で紋切的であってはならない

これらの視点について，24時間対応のポートラジオ局運営から培った業務ノウハウを活用したコールセンターでの高齢者見守りサービスを展開した。
オペレータが最低2人，24時間待機する（1日4交代制），緊急通報・生活サポートシステムは，「さすがの早助（さすけ）」とネーミングされ，1999年に事業化された。その特色は，万が一の場合，ワンタッチで通報しサポートセンターとコミュニケーションできる，加入時に緊急時の連絡先，既往症

などをもとにかかりつけの医院等を聞く，看護師，保健士，栄養士などを含むスタッフが対応する，月に一度安否確認をセンターからする，そして，生活サポートもすることに大きな力点が置かれている。この生活サポートは，ヘルパーの派遣や買い物代行，タクシー手配など多岐で，1日に300件以上の問い合わせがあるという。

センターのオペレータは，画面の個人データを参照しながら「お体の具合はどうですか」など声をかけている。利用者の使用歴やくせなども記録されるので，誤作動による救急車の出動を防ぐことができるという。山口県，宮崎県，大分県，鹿児島県，島根県の33自治体と契約し，個人契約も含め，約6,000世帯にサービス提供している。

第2の事業として計画されたのが，生活見守りモニタリング・システム「カモデ」である。そのシステムは，親機1台と子機3台からなり，子機には使用する頻度の高い家電機器の電源コードを挟み込み，コードを流れる電流が家電機器の動作を把握，無線で親機に知らせる。親機はパケット通信網を使ってセンターに伝送する。高齢者見守りシステムの機器は，家電の使用状況（電流の流れ）を検知するシステムで，電源計測技術が要素技術である。開発においては，山口県産業技術センターの特許流通アドバイザーが，電流の計測技術である電源計測技術を見つけ出し，技術移転に一役買っている。

日常の暮らしのスタイルを変えることなく，監視されているという意識もなくプライバシーを侵すことはなく，安心のサポートが24時間365日応対することができるものである。家電製品の使用状況から日常の生活をモニタリングすることに重点を置いたサービスシステムは，ビジネスモデル特許2件が取得されている。家電の利用状況を1日2回電子メールで知らせるばかりでなく，Web画面で動作状況が確認できる。

生活見守りモニタリング・システムは，緊急時通報ではなく，1日2回の情報提供で高齢者とその家族等とのコミュニケーション手段を提供している。

独居高齢者の生活支援プラットフォームの構造

　緊急時通報・生活サポートシステムでは，看護師を含むオペレータが対応するセンターを構えている。生活相談を含め，1日300件以上の問い合わせがあるが，加入者約6,000人とすると，かなりの利用頻度で，双方向のコミュニケーションができるプラットフォームとなっている。地域の社会福祉協議会に協力してもらって，独居高齢者の疾患やかかりつけ病院などの情報をあらかじめ収集しデータベース化していることがプラットフォームの構築の基盤となっている。プラットフォームを活用して，生活相談サービスを拡充することで事業基盤も強化できる余地がある。タクシーなどを使った食材の宅配サービスなどである。ただし，地方自治体との委託契約との調整が必要だが，地方自治体のメリットを拡大することで解決する可能性がある。

　しかしながら，第2の事業として計画した生活見守りモニタリング・システムは，事業化に至っていない。プラットフォームのサイドが構成されず，ネットワーク効果が生まれる構造になっていないからである。とりわけ，独

図表6-6　独居高齢者の福祉支援プラットフォームの構成

		緊急時通報・ 生活サポートシステム	生活見守り モニタリング・システム
プラットフォームの形態		ソフトウェア・プログラム （コールセンター）	センサー感知機器等 メディア機器
プラットフォームに参加 するユーザー・グループ （サイド構成）		独居高齢者 地方自治体 社会福祉協議会	独居高齢者 高齢者の親族等
プラットフォームの副次 効果		双方向のコミュニケーション で双方に親密感が醸成 タクシー配車依頼など 生活相談サービス	
事業化の 問題点	事業化要件	病歴・通院情報等 個人情報のデータベース化	安否確認の機器システム
	競合環境	競争入札制度に参加する 企業が増加	都市ガス事業者，マホービン メーカー等

（出所）筆者作成。

居高齢者にとってのメリットが訴求されず，需要における規模の経済性が確認できないことが最も大きな敗因である。

独居高齢者の安否確認モニタリング・システムの事業化の課題

生活見守りモニタリング・システムが事業化に至っていないことは，プラットフォームが形成されていないことになる。サイド構成が，独居高齢者とその親族というツーサイドになるが，消費者余剰となるメリットが見あたらず，サイド内ネットワーク効果もサイド間ネットワーク効果も生じる余地がない。

このモニタリング・システムの事業化の難しさは，センサー等活用した他の機器システムも同様に直面している[3]。サイド間ネットワーク効果が働くような新たなサービスとのバンドル化などのプラットフォーム戦略が必要と考えられる。後述する北海道伊達市の高齢者移住のプラットフォームのサイドを構成している安心ハウスという住宅システムと一体的に運用するなどである（バンドル化）。

(4) 高齢者の働きがいと食の安全安心プラットフォーム

食の安全安心のための社会技術・トレーサビリティシステム

トレーサビリティシステムとは，生産チェーンにある食品や材料の生産地についてのデータを消費者に提供することである。そのシステムは，生産チェーンに沿って食品や材料の生産元に遡って追跡するトレーシング，生産チェーンの時系列の先に向かって食品や材料を追跡するトラッキング，最終消費者に対して食品や材料の正確な個体識別と生産源を把握し情報交換する個体識別保護とに分解される。

トレーサビリティシステムの目的は，生産チェーンの透明性を高め，食品の安全管理，農薬の使用の有無などの情報を公開し，食品安全への消費者の信用を高める一方，賠償請求発生のリスクを軽減することにある。生産チェーンにおける他の利害関係者（パートナー）からの請求に対し信用回復に有用であるからである。

トレーサビリティは生産と流通の各段階で関心はあっても，道の駅などの

農産物直売所ばかりでなく，大手の流通チェーンでも，導入にまで至っている事例は数少ない。

　安全安心で新鮮な農産物を提供することが消費者の支持を得る近道だとの認識を共有する「内子フレッシュパークからり」での取り組みから，トレーサビリティの普及に向けたプラットフォーム戦略を考察することとしたい。

　高齢の農業生産者が作業記録や高度な機器システムを取り扱うことになるトレーサビリティシステムはその実行が課題である。そのためのいろいろな工夫が施されなくてはならないが，そのステップは次のようである。

【生産段階の作業】
①作物ごとの栽培記録（作物名・品種・圃場・農薬使用実態・肥料使用実態）
②出荷前OCR用紙への記入
③残留農薬検査のチェック
④検査結果を入力
【流通段階の作業】
⑤直売所に出荷
⑥情報可能マークをバーコード印字
⑦購入前に消費者が端末で情報閲覧
⑧農産物の販売・購入
⑨ホームページからも情報閲覧

　生産段階の栽培管理情報（生産履歴）は生産農家がOCR用紙に記入して登録する。OCRの採用は，高齢者や女性に余計な負担をかけたくないという理由である。OCR用紙には，生産者，品種，圃場，何作目など基本情報を登録し，その登録で商品を識別するIDが割り振られる。出荷前の基本情報を登録すると，端末から記入用紙とコード一覧表がプリントされる。コード一覧表には，作業内容コード，農薬コード，肥料コードなどが記載され，そのコード数字をOCR用紙に記入する。そして，生産履歴の登録となるOCR読み込みを農家が自ら操作することになっている。

　読み込まれたOCR情報について，記入文字を正確に認識できなかった部

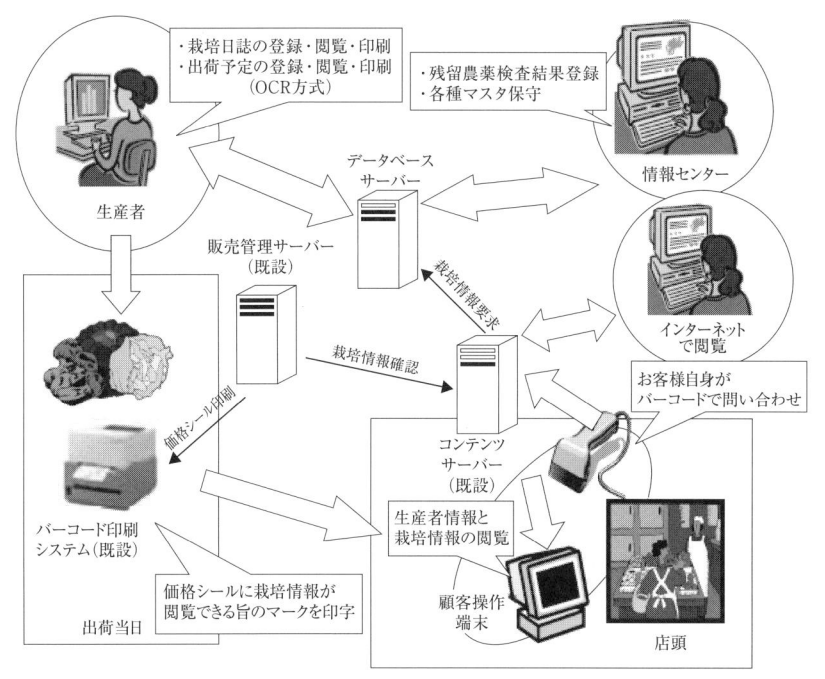

図表6-7 トレーサビリティのながれ

(出所) 内子フレッシュパークからのホームページ。

分を修正するなどして，次に農薬や肥料の使用基準に適合しているかチェックする。使用料，希釈倍率，使用間隔など基準との適合判断のもとに，「履歴」マークが表示される。このプロセスを経て，はじめて生産者が商品を直売所に持ち込む流れとなる。その際，価格やトレーサビリティのIDがついたラベルは生産者が印刷する。トレーサビリティに必要な情報を前もって持ち込まないと販売に必要なバーコードが印刷できないところに，トレーサビリティを受け入れざるを得ない仕組みが持ち込まれている。

消費者は，直売所の端末でトレーサビリティ情報を確認できるが，バーコード情報から商品ラベルに書かれた13桁のコードを入力してホームページで自ら確認することができる。公開しているのは，生産者情報（生産者氏名，住所，農家の写真画像），作物名，品種，圃場，使用農薬，肥料，残留農薬検査結果などである。

高齢者の働きがいと食の安全安心のプラットフォームの事業化プロセス

愛媛県内子町は，伝統的な町並みが保存され歴史的資源が豊富に残された町であり，その一角にある内子座は地方歌舞伎で全国的に知られている。その町並み保存に加え，棚田の保存のためのグリーンツーリズムも受け入れることも模索されてきた。しかしいずれの中山間地に共通しているように，農業の担い手が減少する，消費地から遠いといった課題を抱えていた。

このような地域環境で，農産物の直売所を作って，「売り方の仕組みを考える」動きが出てきたのが「内の子市場」（1994年）である。そこでの経験は，農業の面白さを伝える，品揃えが大事，クレームは励ましの言葉などであった。その実験的な取り組みとともに，当時フルーツパーク構想を検討しながら進めていた勉強会で合意形成が図られていった。70人の女性が集まったという。

そのもとで，1996年「からり特産物直売所」がオープンした。その取り組みの特色はつぎのようなものであった。

①住民参加
②内子町へのこだわり
③知的農村塾（担い手の育成）
④景観と調和した施設配置
⑤自由と自己責任（価格，出荷量，出荷時期）

このようなコンセプトのもとに地域協働のネットワーク組織が芽生えていった。それが発展したのが「内子フレッシュパークからり」である。いま年間45万人の利用者がある全国でも注目される農産物直売所となった。その利用者は，松山市からの利用者が4割，町内・県外が各1割，近隣市町村が4割である。そして，実に7割がリピーターともなっている。直売所の販売額は4億5,000万円を超え，出荷者は410人，1戸当たり110万円の収入となっている。700万以上の販売額を達成している農家は10戸もある。男性が29％で女性71％と圧倒的に女性が多く，農村での女性の「働きがいのある就労システム」ができあがっている。年齢的には，60代が37.3％，50代が32.2％で，残る約30％が70歳以上である。

「内子フレッシュパークからり」は，都市と農村の交流拠点として農産物

直売所，レストラン，農産加工場の施設を有し，「株式会社内子フレッシュパークからり」が経営している。この株式会社は，内子町が6割を，残りはJA愛媛と内子町民が出資している第三セクターである。町民は1株株主として出資し437人にものぼる。

このような地域協働のネットワーク組織に住民が出資することは，株式会社としての収益責任・成長基盤の確立・説明責任を果たすことを確約することでもあり，地域を支える協働の概念が十分浸透していっている結果と解釈できるだろう。

2005年1月に実施した出荷者アンケートでは，農業所得の50％以上を直売所で販売すると回答した出荷者が27％を占めている。直売所の設置は，出荷者の意識や町の農業構造にも大きな変革をもたらしている。直売所に出荷するようになり，地理的なハンディのある中山間地の将来について，「明るい」と回答した出荷者は87％，内子町に「誇りがもてる」と回答した出荷者は86％となっている。これは直売所が，小規模，高齢，兼業など中山間地農業のハンディを多様性という魅力に変え，農業従事の高齢者が誇りと自信を取り戻すことに大きく寄与している。

内子町はエコタウン宣言による環境にやさしいまちづくりを目指していることもあって，内子フレッシュパークからりでも，食の安全安心のためのトレーサビリティを導入している。また，残留農薬のチェックなど町の負担は大きい一方，農業支援の体制確立を強力に推進している。

高齢者の働きがいと食の安全安心プラットフォームの構造

高齢者の働きがいと食の安全安心を両立させるプラットフォームが，内子フレッシュパークからりの直売プラットフォームである。そのサイド構成は，農産物出荷者と松山市などからの直売所利用者である。農産物出荷者が新鮮で安心できる農産物を出荷すればするほど，近隣からの利用者も利用を繰り返すリピート客となって増加するサイド間ネットワーク効果が働いている。

そのような環境に配慮した農業を理解し農業で働きたいという移住希望者が数少ないが着実に増加している。また，観光で立ち寄って直売所の飲食施設を利用する観光客も増加している。さらに，内子フレッシュパークからり

図表6-8 食の安全安心プラットフォームのマルチサイド組成

基礎情報			マルチサイド組成				
			農産物生産加工者		直販所利用者	就業移住希望者	観光・消費地交流
			生産	加工			
基本要素	標準プロトコル	・栽培日誌情報のOCR読み取り	◯	◯		◯	
		・作業・農薬・肥料の標準コード	◯	◯		◯	
	双方向コミュニケーション	・栽培記録情報	◯	◯	◯	◯	◯
		・生産者情報	◯	◯	◯	◯	◯
		・消費者購買情報	◯	◯	◯	◯	◯
	認証・評価機能	・農薬使用基準	◯	◯	◯	◯	◯
		・残留農薬検査結果情報	◯	◯	◯	◯	◯

(出所) 筆者作成。

のブランド力が浸透するにつれ，松山市の大手百貨店での販売実演や広島市のアンテナショップでの毎週2回の販売という販路拡大と消費地交流の効果をもたらしている。これらは，新しいサイドとなって，プラットフォームのマルチサイド化を導いている。

　このような優れた正のネットワーク効果が働く循環サイクルは，プラットフォームの基本要素である標準プロトコル，双方向コミュニケーション，認証・評価機能が十分組み込まれているからにほかならない。

農産物トレーサビリティ普及へのネットワーク効果の応用

　サイド内・サイド間のネットワーク効果を活用することで，規模の経済性を確保する収益化のプログラムは，農産物トレーサビリティの普及への応用も可能となるのではないだろうか。食の安心安全のためのトレーサビリティの必要性は十分理解されているが，その費用負担サイドのメリットもネットワーク効果を追求するプロセスから浮び上ってくる。

　農産物トレーサビリティは，農家の栽培記録から農薬使用頻度がわかり残留農薬のチェックと，ユーザーが安心して購入できる一連のプロセスが遡及可能なプログラムであるが，一番の利点は出荷者の顔が見てとれることの安心感である。そこで，トレーサビリティの利点を逆手にとってコストを負担する農家のメリットに転換できる視点が3点ある。

その第1は，生産者の名前と顔が見てとれることから，「誰だれの野菜を買いたい」「今年もあの人の野菜が欲しい」という指名買い・リピート需要というサイド間ネットワーク効果が働く仕組みを講じることができることである。第2は，出荷予定日と販売終了日がトレーサビリティで追跡できるから，適切な一番売れる時間帯を把握して最適な出荷時点を推測できることになる。それによって，鮮度の良い出荷時期を調整して売上アップを図ることができる。また，洗浄・荷造り含めた出荷の作業コストも削減できる。第3は，耕作面積，農薬名，散布期間が把握でき，毎年耕作していることから，適切な農薬散布量が算定でき，使用農薬量を減少させる農薬コストを削減できる。

　このようなサイド間ネットワーク効果を有効に働かすことによって，トレーサビリティの普及が一歩前進することを期待したい。そのためにも，上記のようなプラットフォーム戦略によるマーケティング上のメリットを活かすことができる農業指導員や支援体制が不可欠となってくる。

(5) 高齢者移住のタウンマネジメント・プラットフォーム

中山間地の限界集落問題と高齢者移住のプラットフォーム

　内子フレッシュパークからりは直販所のプラットフォームから構成されるが，発想は中山間地の対策から生まれてきた。そのような協働のネットワーク組織が数多く生まれることが中山間地問題を解決する糸口にもなる。しかし一方で，中山間地問題はこれからの国土のあり方が問われ大きな課題となってくる。人口が減少する社会にあって，地方の中山間地では，高齢者世帯や高齢の一人住まい世帯が増加し相互扶助もままならないなか，限界集落が社会的な問題として浮上してくるからである。

　このため，医療機関やショッピング機能がコンパクトに集まったコンパクトシティに高齢者が移住できる環境を用意することも試行されている。しかし，高齢者が移住できるようなプラットフォームをいかに設計するかのデザインは今後の課題である。そのプラットフォームの設計に有益な先進事例が北海道伊達市にある。

北海道伊達市の社会生活システム革新実験

　北海道伊達市は，人口37,000人のまちであるが，北海道でもまた全国的にも数少ない人口が社会増している地方都市である。もともと北海道内から定年退職などを機に移り住む人も多い「快適な住宅地」として知られている。道外からも200から300人が移住してきているという。なぜ経済低迷している北海道で伊達市が成長しているのだろうか。

　伊達市は北海道でも噴火湾に面し雪が少なく，比較的温暖な気候（冬でも平均－3℃程度）であり，定住環境に恵まれているという。伊達は住みやすいところだという評価が北海道では定着している。伊達市はあえて移住のための行政的な助成制度や就労あっせんなどは講じていない。たんに社会的な人口移動，定住の市場に任せているだけだろうか。人口定住のための仕組みとしてのプラットフォームを模索してきているからに疑いない。

　伊達市のキャッチコピーは「北の湘南」である。昭和50年代後半に東京から来た芸能人たちが言い出したとされている。この「北の湘南」というブランディングは温暖な地と都市的な生活イメージを醸し出すのに有効に働いている。そのブランディングにふさわしいまちにするため，街路名に「伊達物語回廊」と名称するなど街路イメージを高める工夫をしている。街路樹に一部柿木を用いるなど街路景観にも配慮がなされている。

　また，宮尾登美子文学記念館がある，だて歴史の杜総合公園のなかにカルチャーセンターが整備され生涯学習などが活発に催されている。その運営資金は，市民メセナをもとに市民の拠出によっている。NPO法人をつくって「自分達の街に，市民自らが資金と知恵と労力を出し合い，できる範囲から豊かな文化の創造を」という市民ニーズへの対応を市民メセナが担っている。

　このような都市環境が用意されているばかりでなく，次のような移住を促す仕組み，高齢者移住のタウンマネジメント・プラットフォームが講じられている。

高齢者移住のタウンマネジメント・プラットフォームの事業化プロセス
①伊達版安心ハウス
　　高齢者移住へのプラットフォームは，移住用の住宅が基本サイドとなって

いる。伊達市では，「伊達版安心ハウス」という標準プロトコルを用意している。

　伊達版安心ハウスとは，高齢者の方が安心して居住できるように，「バリアフリー化」され「緊急時対応サービス」の利用が可能な賃貸住宅である。高齢者の生活を支援するために，食事サービスなどの附加サービスを提供することでより安心して自立した生活をしていくことができる住宅である。この独自の「安心ハウス認定制度」は，建物の整備条件（戸数・床面積・バリアフリー仕様等）や管理条件（管理期間・緊急通報サービス等）に独自の認定基準を設け，良質な高齢者向けの賃貸住宅を，民間活力を利用して普及促進する制度である。民間事業者が計画段階から申請し伊達市（住んでみたいまちづくり課移住定住係）が認定する。行政の役割は，認定した安心ハウスを市の広報やホームページを通じてPRすることだけである。

　安心ハウスが社会技術となるのは，戸数5戸以上，40㎡以上，耐火構造，2階建て以上はエレベーターの設置，段差のない床，手すりの設置などの整備条件に加え，管理期間10年以上，入居者は原則60歳以上，高齢者円滑入居賃貸住宅の登録申請，緊急通報システム，附加サービスとしての食事サービスの提供など管理条件を厳格に適用し，行政が認定するステップを組んでいることである。

　すでに2棟65戸建設され，1階に食堂や多目的室などが配され，1戸あたり45から60㎡で月6万から7万円の家賃である。

　安心ハウスに加え優良田園住宅の分譲など，移住者のための住環境支援が図られている。そればかりでなく，移住者の住み替えニーズへの対応や安心して住宅を転売できるシステムがあれば，移住者の利便性をより拡大することができる。このため，伊達スタンダードの住宅流通システムが検討されている。北海道で多い3重窓などの居住システムでなく，伊達に適した居住システムである。そのような認証制度が設計できれば，移住者は安心して住宅を購入・転売できる。移住してから子供世帯のところなどに引き揚げるときの用意が予め確保できるからである。

②商工会議所が事業主体の「愛のりタクシー」

　高齢者にとって生活の足の問題は深刻である。知らない土地への移住の不

安は，緊急時の医療システムやケアシステムばかりでなく，コミュニティバスなどの交通手段の確保が課題となってくる。バスは便数が少なく停留所まで遠いが，タクシーはコストが高いなどの問題がある。

そこで「バスより便利で通常のタクシーより割安」な会員制・乗合制タクシーとして構想されたのがライフモビリティサービス「愛のりタクシー」である。2003年に夏と冬の2回の実証実験が行われた。その実証実験で，平日に利用が集中（特に金曜日），午前中の時間帯，自宅から出発し病院や知人宅・集会施設などへの利用，玄関先まで送迎してもらえるのが最大の利点などが把握できた。実験が進むにつれ利用者が増加したことも，高齢者にとって利便性の高いライフモビリティシステムとしての有効性が確認できた。そこで，60歳以上の会員制で月曜日から金曜日まで前日予約の運行が2006年から事業化された。事業主体は商工会議所で，タクシー会社2社に運行委託する形態である。料金は，1ブロックごとに500円で，端から端にいっても2,500円とのことである。通常より4分の1から半額で済むことになる。

2007年度の運行実績は，会員登録1,310人，運行回数236日，1日平均19.3回である。会員登録は，市内60歳以上の高齢者の10.2％にも達している。60歳代の大半が自動車運転をしていることからすると，女性が7割とはいえ，優れたライフモビリティサービスと利用者から評価されている。

このライフモビリティサービスという公共サービスを提供する事業主体になっているのが商工会議所である。商工会議所が新たな「公」のサービスを担い始めていることに注目したい。さらに商工会議所はタクシー配車システムを構築するベンチャー企業の創業を支援し，そのベンチャー企業は地域情報のポータルサイト「むしゃなび」を商工会議所等から運営受託し，地域の生活情報をインターネットで情報発信している。

高齢者移住のタウンマネジメント・プラットフォームの構造

伊達市の「住みやすいまちづくり」のコンセプトは，市内に住んでいる市民にとっても「安心・安全に暮らせるまち」を目指しているところにある。この「安心・安全に暮らせるまち」をプラットフォームとして，行政のみならず，商工会議所や民間事業者，市民メセナ協賛者など市民が協働して伊達

図表 6-9　高齢者移住のタウンマネジメント・プラットフォームの構成

マルチサイド構成	プラットフォームの主体	プラットフォームを支える社会的制度等
高齢者用専用住宅	マンション事業者（民活導入）	行政による「安心ハウス」認定制度
ライフモビリティサービス	商工会議所	「愛のりタクシー」会員制度
文化教養サービス	カルチャーセンター	市民メセナ協会
医療・福祉サービス	中核医療機関 保健福祉施設	地域医療機関によるネットワーク
ショッピング街区	商業施設の集中化などコンパクトシティ	「北の湘南」「伊達物語回廊」などのブランディング

(出所) 筆者作成。

市の住みやすいまちづくりを担っている。安心ハウス，ライフモビリティサービスが社会技術として機能している。その結果，人口の社会増が微増ながら増勢し，一時的ながら全国的にも住宅地価の上昇率が最も高かった。

　伊達市の「安心・安全に暮らせるタウンマネジメント」がプラットフォームとなって，市民，民間事業者，商工会議所，行政が協働してさまざまな問題に取り組んでいる。このプラットフォームは，行政主体のまちづくり推進協議会や商工会議所のプロジェクトチームといった組織で構成されているのではなく，伊達市に移住したい人が安心して住みたくなる環境，高齢者が安心して入居できる住宅やモビリティサービスといった，関係者が協働して構築した仕組みである。高齢者のモビリティサービスでは，「愛のりタクシー」がプラットフォームとなる。そのプラットフォームを通じて，安心・安全に暮らせるまちという社会生活システム革新を実現しているものである。

❸　プラットフォームのマルチサイド組成と非価格的調整

(1)　多層的なユーザー・グループによるマルチサイド組成

プラットフォーム協働モデルを構成するユーザー・グループ

　高齢化社会の問題解決に関わるプラットフォームについて，事例分析から

プラットフォーム協働モデルを考察してきたが，そのサイド構成はコストを負担するサイドと優遇されるサイドからなるツーサイドを基本としている。しかし，いずれのプラットフォームでも，そのサイド構成にとどまらず，よりサイドが追加されたマルチサイドとなっている。

医療費削減・健康増進プラットフォームでは，医療機関や調剤薬局が付帯的なサイドとなっている。医療機関や調剤薬局がジェネリック医薬品についてその品質や安定した流通・供給に不信感があれば，負のネットワーク効果が生じ，プラットフォームそのものが崩壊することにもなってくる。ジェネリック医薬品を否定する医師が増えれば増えるほど，患者の被保険者がジェネリック医薬品への転換をためらうからである。

独居高齢者の生活支援プラットフォームでも，地域の社会福祉協議会の理解と同意がなければ，独居高齢者の生活データなど個人情報に関わる情報を集めることができず，双方向のコミュニケーションが成り立たなくなる。

高齢者の働きがいと食の安全安心プラットフォームも高齢者移住のタウンマネジメントも，同様に町の農業支援センターや商工会議所のサイドが機能しなければ，プラットフォームの有効性が失われかねない。

このように，プラットフォーム協働モデルは，マルチサイドのそれぞれのサイドが効果的な機能をもち，またサイド間ネットワーク効果を大きく機能

図表6-10　プラットフォーム協働モデルのユーザー・グループ

プラットフォーム	プラットフォーム事業者	ユーザーグループ (負担)サイド	ユーザーグループ (優遇)サイド	プラットフォーム協働参加者
医療費削減・健康増進プラットフォーム	保険者（地方自治体・協会けんぽ・健保組合）	保険者	被保険者	医療機関・薬局
独居高齢者の生活支援プラットフォーム	周南マリコム	行政	独居高齢者	社会福祉協議会
高齢者の働きがいと食の安全安心プラットフォーム	内子フレッシュパークからり	農産物出荷者	消費者	内子町農業支援センター
高齢者移住のタウンマネジメント・プラットフォーム	北海道伊達市	住宅事業者	移住高齢者	商工会議所市民メセナ協会等

（出所）筆者作成。

させていることになる。

マルチサイド組成への協働の参加主体

　4つの事例のプラットフォーム協働モデルを分析したが，いずれもダイナミックな協働の場づくりのプロセスを描きながら，事業創造を図っていると考察することができる。その協働の主体や要件を分析すると，図表6-11のようにとりまとめることができる。

　まず，問題解決の場づくりの主体となっているのは，医療費削減・健康増進プラットフォームと独居高齢者の生活支援プラットフォームはいずれも社会技術の開発者が重要な役割を担っており，行政機関等からのアウトソーシングによって事業が構成されている。それに対して，高齢者の働きがいと食の安全安心プラットフォームと高齢者移住のタウンマネジメント・プラットフォームでは，主体となっているのは，農家の主婦等による第3セクターであったり，商工会議所を含む市民組織であったりするネットワーク組織である。行政機関の役割は，いずれも共通して，認証・評価機関としての役割を担っている。このように，社会技術の開発者が関係者を巻き込んだネットワーク組織や主婦や市民が主体的に参加したネットワーク組織の協働によるプラットフォーム形成と言い換えることもできる。

　その協働が働くプラットフォームのプロセスにおいて，伊丹（1999, 2005）が場のマネジメントで導いた基本要素でみると，プラットフォーム協働モデルでは，何の問題解決に有効かのアジェンダが明確に規定されている。そのアジェンダを裏づけるために，解釈コードや情報のキャリアー（媒体など）が重要な要素となっている。また，市民らの協働によるプラットフォーム形成では，問題解決がより包括的であり，そのための連帯欲求が基本的な要素となっており，その連帯欲求を束ねるために，トレーサビリティという情報キャリアーや安心して移住できる地域環境というアジェンダが重視される構造である。

　プラットフォーム協働モデルに欠かせない標準プロトコル，双方向性，認証・評価機能をみると，医療費削減・健康増進では事業創造の骨格ともなっている標準プロトコルが強く働いている。独居高齢者の生活支援では，生活

figure 6-11 プラットフォーム協働への基本要素と事業創造

プラットフォーム	協働の主体	基本要素	事業創造のプロセス
医療費削減・健康増進	健保・国保の保険者	標準プロトコル	レセプト情報を分析するコード体系と医療費との結合
独居高齢者の生活支援	地方自治体から委託された民間企業	双方向コミュニケーション	看護師を含むオペレータによる双方向のコミュニケーション
高齢者の働きがいと食の安全安心	第3セクターの協働組織（農家・行政等）	標準プロトコル 認証・評価制度	中山間地の活性化への連帯 行政の残留農薬試験などの検査によるトレーサビリティ
高齢者移住のタウンマネジメント	伊達市と市民組織	認証・評価制度	移住者への安心基準の認証と安心して住みやすいという明確なアジェンダ

（出所）筆者作成。

サポートまで含む福祉支援として，双方向コミュニケーションが強く働いている。高齢者の働きがいと食の安全安心および高齢者移住のタウンマネジメントのプラットフォーム形成では，いずれも認証・評価機能が強く機能するところとなっている。市民たちの連帯欲求を束ねるために求められる機能が，行政による認証・評価機能であるからである。

(2) マルチサイドへの適切なアクセスへの非価格的調整

アクセスを高める協働の相互作用

　プラットフォーム協働モデルは，ユーザーと補完業者ばかりでなく，プラットフォームの円滑な運用に欠かせない第三者もサイドとなって，マルチサイドを構成するところが特徴である。そのマルチサイドの相互にサイド間ネットワーク効果が働くところに，協働の相互作用，連帯欲求が生まれてくる。ただし，そのサイド間ネットワーク効果は，合意形成が十分行きわたらないときにはとかく負のネットワーク効果に陥りがちである。プラットフォームが提供する製品・サービスの品質に問題が残るときには，負のネットワーク効果となって需要における規模の経済性そのものを減退させることになる。

マルチサイドのネットワーク効果を高める基本は，いずれのサイドにも需要を引き込んでサイド間ネットワーク効果を働かせることである。そこにプラットフォームの非価格的調整機能が必要となってくる。

プラットフォームの非価格的調整機能
　プラットフォームへの需要を高めるため，プラットフォームの事業開始時などに意図的に価格を引き下げてユーザーを増やすなど，価格的調整で需要規模を高めることがある。しかし，その価格的な調整はサイド間ネットワーク効果では有効性を発揮できないことも多い。プラットフォーム協働モデルはサイド間ネットワーク効果が有効に働くプラットフォームであるが，そのネットワーク効果は市場取引のような価格による価値交換で生じてくるのでなく，非価格的調整機能が働くところが特徴である。協働の場そのものが価格的調整だけでは機能してこないからである。社会技術の事業化は難しいことは前章で考察してきたところだが，その事業化を支えるサイド間ネットワーク効果には非価格的調整機能が強く働いてくる。
　とりわけ，高齢者移住のタウンマネジメントのように，行政や商工会議所がリーダーシップをもっているのではなく，市民が協働の場に参加し自ずと移住者にも溶け込みやすい都市風土が形成されてきているからこそ，プラットフォームが機能するところとなる。価格的調整のみに委ねたら，「愛のりタクシー」の事業化や「北の湘南」のブランディングは定着してこなかったのではないだろうか。
　非価格的調整機能でサイド間ネットワーク効果働かせるためには，強い間接的なネットワーク効果を生むような新しいサイド（市場）を識別しなくてはならない。プラットフォームの協働作業をリードするようなサイドである。それを非価格的に調整することでプラットフォームの優位性を強化している。
　非価格的調整によるアクセスの調整とは，すべてのサイドに最も適切な参加者を誘引することである。メンバー間の相互作用（ネットワーク効果）でイノベーションを創発するのが可能となるからである。

❹ 問題解決へのサイド間ネットワーク効果増幅メカニズム

(1) サイド間ネットワーク効果増幅メカニズム

サイド間ネットワーク効果増幅メカニズム

　サイド間ネットワーク効果増進メカニズムは，サイド間で働くネットワーク効果はサイドとサイドの間で間接的に生じ，サイドからサイドに電波が振幅，共振するように作用して，より増幅したネットワーク効果が得られることである。

　その端的な事例が，医療費削減・健康増進プラットフォームである。被保険者の医療費支出が削減できることで保険者健保財政の縮減を生み，それを原資としてきめ細かい保健指導ができるようになる。また，ジェネリック医薬品促進通知サービスに合わせ健康診断受診率を増加させ生活習慣病防止の機会増加となり，さらに，疾病管理サービスというより医療費負担を軽減できる新たな機会を創出している。これらの一連の間接的な効果が増幅効果であり，ジェネリック医薬品促進通知サービスの年3回程度の定期通知の提供が増幅メカニズムとなって振幅させている。

　独居高齢者の生活支援プラットフォームも，独居高齢者の疾患情報や生活習慣等をあらかじめ把握することでデータベース化していることが問いかけや親近感のある双方向のコミュニケーションが増幅メカニズムを生み出している。高齢者の働きがいと食の安全安心プラットフォームも，残留農薬の危険性がチェックされトレーサビリティで裏打ちされた農産物を適切に供給していることがサイド間ネットワーク効果の増幅メカニズムを振幅させ，多様な間接的な効果をもたらしている。

　今後中山間地の独居高齢者問題や限界集落問題が課題になってくるときの制度設計に有益な高齢者移住のタウンマネジメント・プラットフォームも，行政による安心ハウス制度とその広報がサイド間ネットワーク効果の増幅メカニズムを生み出し，観光需要や消費需要を刺激し，さらには，高齢者のライフモビリティサービスのような高齢者が一定程度の需要規模となることに

図表6-12　サイド間ネットワーク効果とその増幅メカニズム

プラットフォーム協働モデル	（直接的）ネットワーク効果	サイド間ネットワーク効果	
		間接的効果	増幅メカニズム
医療費削減・健康増進プラットフォーム	被保険者の医療費削減 保険者健保財政の縮減	健康診断受診率の増加 生活習慣病予防の機会増 保健指導への原資の確保 疾病管理サービスの機会創出	ジェネリック医薬品促進通知サービスの定時提供 医療機関等の理解と支援
独居高齢者の生活支援プラットフォーム	独居老人の緊急時通報機会の減少 高齢者福祉サービスの拡充	独居高齢者のコミュニケーション機会の増加 タクシー配車等生活支援需要増 誤作動減による救急車出動防止	疾患情報、生活習慣等データベースにもとづいた問いかけ 双方向による親近感の醸成
高齢者の働きがいと食の安全安心プラットフォーム	直売所ユーザーの増大 高齢者の農業所得拡大	ブランド形成と消費地販売拡大 グリーンツーリズムの需要増 指名買い等の所得機会の拡大 若い人等の移住効果	トレーサビリティに裏打ちされた安全安心な農作物の供給 高齢者による栽培情報等の記録
高齢者移住のタウンマネジメント・プラットフォーム	高齢者移住の便益増 社会移動人口の増加	移住者への来訪客の増加 観光需要・消費需要の拡大 既存高齢者への市民サービスの拡大と機会創出	安心ハウス認定制度と広報 商工会議所等民間の協働参加

（出所）筆者作成。

よって提供できる質の高い高齢者サービスだからこそ，既存の高齢者住民にもサービス拡大できる。

サイド間ネットワーク効果の非価格的調整機能の活用

　サイド間ネットワーク効果を高めるためには，直接的なネットワーク効果が大きいことが前提である。しかもサイドそれぞれのサイド内ネットワーク効果が高まる構造でなくてはならない。それぞれのサイドが市場を形成し多面的になっていることが大きなダイナミズムを生むからである。その結果サイド間での増幅メカニズムが働くことになる。

　このサイド内ネットワーク効果は市場機能が働いた価格的調整が作用するのに対して，サイド間ネットワーク効果は，価格的調整も機能するが増幅メカニズムは価格システムだけではなく，情報の非対称性を解消する標準プロトコル，双方向性，認証・評価機能などの非価格的調整が機能することで生まれてくる。事例としたいずれのプラットフォームも，これらの標準プロト

コル，双方向性，認証・評価機能が有効に活用されている。

このような非価格的調整機能を活用して，サイド間ネットワーク効果増幅メカニズムを働かすことが課題である。それが，プラットフォーム協働モデルの構造を形づくるからである。

(2) 範囲の経済性の創出による問題の解決

間接的なネットワーク効果と範囲の経済性の創出

サイド間ネットワーク効果の増幅メカニズムは，新たな需要を創出する機会を見出していくことを伴っている。いずれのプラットフォームでも，間接的な効果は多様に拡がっている。

医療費削減・健康増進プラットフォームでは，健康診断受診率の増加，生活習慣病予防の機会増，保健指導への原資の確保，疾病管理サービスの機会創出といった多様な効果が生まれている。これらは，プラットフォームへの需要から生み出される範囲の経済性である。需要が高まることで，そのもとで追加的なサービスへの機会が創出されるものである。疾病管理サービスは，レセプト情報の精査からジェネリック医薬品促進通知サービスと同様，さらに糖尿病予防など効果の大きな疾病管理サービス創出の機会を協働で見出したことは範囲の経済性が働いた結果である。

独居高齢者の生活支援プラットフォームもタクシー配車などの生活支援需要を高めるなど範囲の経済性を生み出している。高齢者の働きがいと食の安全安心プラットフォームもグリーンツーリズムの需要創造や若い人たちの移住効果も引き起こしている。高齢者移住のタウンマネジメント・プラットフォームにおいては移住者ばかりでなく既住の高齢者への市民サービス拡大までもたらしている。

需要による範囲の経済性を活用した社会の諸問題解決

プラットフォーム協働モデルの特質は，このような需要による範囲の経済性も活用しながら問題解決の幅を拡げることができることにある。社会の問題解決は，協働の相互作用を通じて，サイド間のネットワーク効果を増進し，そこで非価格的調整が機能しながら，拡がりをもって範囲の経済性を生

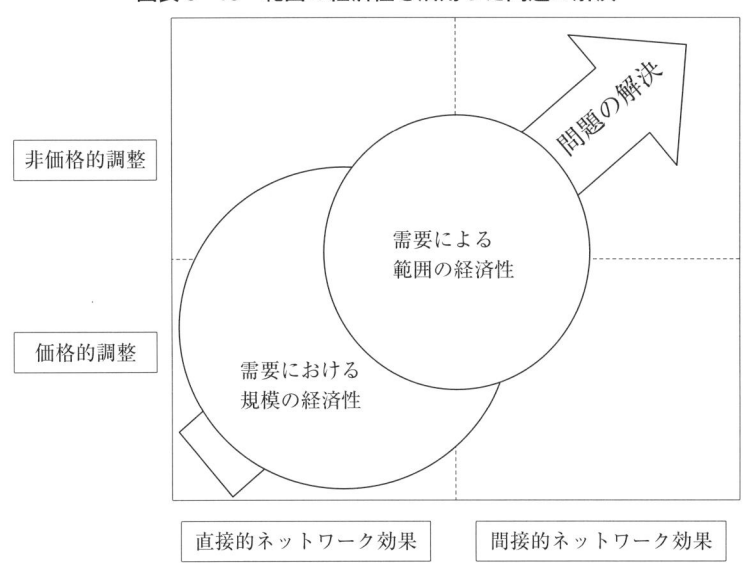

図表6-13　範囲の経済性を活用した問題の解決

非価格的調整

価格的調整

問題の解決

需要による範囲の経済性

需要における規模の経済性

直接的ネットワーク効果　　間接的ネットワーク効果

（注）縦軸・横軸は量的な尺度でなく概念区分を示したものである。
（出所）筆者作成。

み出すことを通じて達成することができる。

❺ プラットフォーム協働モデルとイノベーション創発の構図

(1) アジェンダの明快なプラットフォーム協働モデル

アジェンダの明快なプラットフォーム

　社会が抱える問題を解決するための仕組みとしてのプラットフォーム協働モデルは，非価格的調整機能が働くためにも，問題解決のアジェンダ（何のための情報か）が明確でなくてはならない。アジェンダが明快な問題解決の場づくりは，効率的であり，多様な角度からの意見や情報を収集しやすい。何に関する社会技術の開発かが自ずと理解されることによって，普及のスピードが高まる。高齢化社会が抱える問題解決をケースとしたプラットフォーム協働モデルでは，何の問題解決に有効な社会技術かを明快にしたア

第6章　社会の諸問題解決へのプラットフォーム協働モデル　173

ジェンダがいずれの事例でも明解であった。

問題解決への可視化が必要なプラットフォーム協働モデル

それでは，プラットフォーム協働モデルでは，いかなるプロセスを経て問題解決への道筋を導いているのだろうか。協働モデル構築の要件とした双方向性が，いずれの社会的な問題解決に重要な役割を果たしている。問題解決は一様ではなく，関係主体間のやり取りから解決の出口を見出す作業を伴うからである。

その双方向のコミュニケーションを成り立たせるものは，問題解決のアジェンダを明快にする可視化にある。医療費削減・健康増進プラットフォームでは，医療費削減額が明快に記載された通知書が可視化の媒体であり，ジェネリック医薬品に切り替えたことによる健保・国保の財政負担の削減額が双方向のコミュニケーションの結果として可視化される。独居高齢者の生活支援プラットフォームでは，独居高齢者が自発的に押したボタンで，オペレータと会話できることで不安が解消できる仕組みが機能している。高齢者の働きがいと食の安全安心プラットフォームでは，消費者が購入前後に品物に張ってあるバーコードを入力すれば，生産者の画像もみられる。また，どこの畑でどのような栽培をし，残留農薬に問題がないかを確認でき，結果売上が伸びていく構造である。高齢者移住のタウンマネジメント・プラットフォームでも，安心ハウスや愛のりタクシーの費用削減効果が眼の前で確認できるものである。

(2) マルチサイド・プラットフォームと新市場の創造

マルチサイド・プラットフォームによる新市場の創造

医療費削減・健康増進プラットフォームでは，医師によって手書きで書かれ判別が困難なレセプトを電子情報に転換する技術に差別化がみられ，それを独自のデータベースと照合しコード化することで問題解決を導いている。被保険者ごとの膨大な記録を精査することで，健康保険組合が医療費の変動をさまざまな角度から分析でき，医療費を削減できる貴重な情報とするとともに，疾病管理システムという新たな市場を創出するまでになっている。

このプロセスは，社会技術を活用したプラットフォームはいかにしたら市場性をもちうるかを問うものでもある。それは，サイド間のネットワーク効果を増幅させるための条件でもあり，次の3点が強調できる。
　①多層的なユーザー・グループの存在
　②サイド間の相互作用を生むメカニズムを創り出す
　③社会性のある市場を拡張しマーケットを拡げる
　市場設計のルールを描いたMcMillan（2002）は，うまく機能する市場のプラットフォームには，次のような要素が必須の条件となるとしている。
　①情報がスムーズに流れる
　②人々が約束を守ると信頼することができる
　③競争が促進されている
　④財産権が保護されているが，過度に保護されていない
　⑤第三者に対する副作用が抑制されている
　標準プロトコルによる情報流通性の確保，双方向のコミュニケーションによる情報の非対称性の解消と信頼，認証・評価機能による品質保証と安全安心など第三者の保護がもたらされるが，いずれも市場設計のルールを確立するものである。

(3) 社会生活システム革新とイノベーション創発の構図

プラットフォーム戦略による社会生活システムの革新

　社会技術によるイノベーション創発は，これまで考察してきたように，サイド間のネットワーク効果を高めるようなプラットフォームを構築していくことが基本である。その要件は，問題解決への明快なアジェンダと連帯欲求をもつ市民企業家が主体となって，プラットフォームを協働し，情報共有をもたらす標準プロトコル，信頼を醸成する双方向のコミュニケーション，そして，信用を仲介する認証・評価機能を大いに機能させている。

社会生活システム革新とイノベーション創発の構図

　社会が抱える複雑な問題を解決していく社会技術という新しい領域は，これからの社会生活システムを革新するものである。そして，その社会技術を

活用したプラットフォームを協働で構築し，新たなイノベーションを創発していく源泉となっていく。

　医療費削減・健康増進のプラットフォームは，国民健康保険や多くの民間企業の健康保険組合で導入が進んでいる。その取り組みから，医療費削減ばかりでなく高齢者の健康増進を誘導するものとなる。独居高齢者の生活支援のプラットフォームも，引きこもりがちな独居高齢者と共存する地域コミュニティの関係をさらに問うものとなってくる。高齢者の働きがいと食の安全安心プラットフォームや高齢者移住のタウンマネジメント・プラットフォームは，これからの地域社会の形成や国土形成を問うものであり，高齢者の生活システムをも変革すると考察できる。

　日本社会は新しいイノベーションを求めている。そのイノベーションは，これまでの単なる応用技術の延長ではなく，複雑化する社会の諸問題解決に有効で，成熟化していく経済社会の一方で人口が減少していく社会を支えるのにふさわしいイノベーションである。そのイノベーションは，社会生活システムを革新するものとなるだろう。

注
1）第5章で引用した金井（1999）による。
2）データホライゾンの社長インタビューから。
3）東京ガスの「みまも〜る」サービスは2002年サービス開始以降約200件にとどまっている（日本経済新聞2010年5月30日朝刊）。

第7章

実証分析にもとづいたプラットフォーム戦略

❶ プラットフォーム・モデルの検証とビジネスモデル革新

(1) プラットフォーム・モデルの競争優位性とその検証

これまで3つのプラットフォーム・モデルについて事例分析してきたが，競争優位性の視点からモデルの有効性を検証してみよう。

プラットフォーム編集モデルの競争優位性とその検証

プラットフォーム編集モデルは，プラットフォームを活用して事業展開する際，ユーザーのサイドと補完事業者のサイドを編集し，そのサイド間の取引・交換を促進し課金あるいは料金収納の代行などを担うモデルであり，ユーザーを多く惹きつける補完事業者を数多くプラットフォームに参画させる構造からなる。ユーザーと補完事業者を結合するネットワークをプラットフォームで構築することから，ユーザーを呼び込み補完事業者をできるかぎり多く参画させ，需要における規模の経済性を確保することがプラットフォーム事業者の競争優位性の条件となってくる。

プラットフォーム編集モデルの競争優位性は，ユーザーを多く惹きつけられる補完事業者との関係性をいかに築くかによる。本書では，その関係性は疎結合にあると仮説的に捉えてきた。疎結合の関係性は，会員制などで独自のユーザー・グループを獲得するのに長けた補完事業者に参画してもらう方が，自らまたは系列の子会社などを使ってユーザーを集めるよりコスト的にも時間的にも有利であるばかりでなく，ユーザーが必要とするときに必要な商品・サービスを柔軟に提供できることで顧客価値を高めることができるか

らである。密結合よりも疎結合の関係性の方が，需要における規模の経済性が獲得しやすいことになり，競争優位性を発揮しやすくなる。

　この疎結合の関係性を成り立たせるためには，プラットフォームへの参画に競争原理を取り入れることである。なぜなら，補完事業者にとって，プラットフォームにいち早く参画することで先行者優位を確立できるばかりでなく，その利得の専有可能性を絶えることなく追求することができるからである。提供する財・サービスがユーザーの嗜好変化や人気に極端に左右されなければ，ネットワーク効果が働く市場では先行者優位が継続できる可能性が高いことが検証された。プラットフォームの市場でいち早く参画するユーザー・グループを獲得し，そのうえで自発的な投資行動を誘導する疎結合の関係性が有利である。

　iモード・プラットフォームに代表されるプラットフォーム編集モデルは，ゲーム，オークションなどをはじめ，コンテンツビジネスや電子商取引市場ビジネスなどに幅広く活用しうるものである。楽天，Yahoo! オークション，価格.com などもプラットフォーム編集モデルである。

プラットフォーム公開モデルの競争優位性とその検証

　プラットフォームそのものをオープンにするプラットフォーム公開モデルは，注文仕様による受注生産するときのビジネス展開に有効なプラットフォーム・モデルである。例えば，ミスミのWeb Order Systemは受注生産のプラットフォームとして知られている。インターネットやコールセンターなどを使ったデル・コンピュータの在庫をもたない注文生産（BTO, build to order）の直販モデル（ダイレクト・モデル）と概念が似ている。また，アップルのiTunesも無料でダウンロードできるプラットフォームであり，音楽やビデオを再生できるだけでなくユーザーのデバイスに同期してユーザーが独自に音楽アルバムを編集することができる。

　このようなプラットフォームを公開するビジネスモデルは，ユーザーがプラットフォームを採用すれば（マルチホーミング・コストが高いので）そのプラットフォームを使い続けるロックイン現象を生み，収穫逓増の法則が享受できるというビジネス・サイクルを描くことができる。

しかしながら，プラットフォーム公開モデルを選択して競争優位性を獲得することは容易ではない。プラットフォーム編集モデルでは，携帯電話やPDAなどのデバイス機器・端末のプラットフォームであれば新規性や有用性をユーザーが理解しやすいが，プラットフォームがインターネットなどに公開されるプログラムやソフトウェアのケースではプラットフォームの有用性がユーザーにすぐ理解されるものではないからである。事例分析では，ものづくりの分野で，しかも，ベンチャービジネスがプラットフォームを公開するチャレンジな経営行動を対象とした。プラットフォーム公開モデルを選択したベンチャービジネスが競争優位性を獲得した戦略的視点は，価値共創の論理を取り入れた経営行動にある。

　価値共創は，顧客のもつコンテンツ（情報や画像など）を加工しオリジナルなプロダクトを製作することで顧客価値を最大限に引き出すものづくりのプロセスである。遺影写真のものづくりはその端的な事例である。スナップ写真から遺影写真に変換加工する高度な技術は，関西で多いとされる和服姿の遺影写真に変換するなどの技術であり，きめ細かな高度な画像加工技術がコアコンピタンスとして形成されている。それだからこそ全国シェア30％を獲得できたことになる。

　ものづくりの高度な加工技術を駆使することによって，付加価値の高いサービスを提供することができ，サービスイノベーションを創出することになることから，ものづくり分野でのプラットフォーム戦略が有効であることを示唆している。価値共創による事業創造の経営戦略は，ダイレクトに顧客に接するばかりでなく，価値共創で付加価値を高め，受注から配送までのサプライチェーン全体の効率化が図られるからである。

　プラットフォーム公開モデルでの競争戦略は，価値共創とマーケティング・チャネル構築を組み合わせた戦略構築がとりわけ求められてくる。プラットフォームをオープンにしたビジネスモデルは，顧客との関係性をいかに築くかというマーケティング戦略の基本が問われるからである。顧客との価値共創の作業は，他社がまねしにくい模倣障壁ともなり，一方で，価値共創のための高度な専門技術者が携わる生産ラインやバックオフィス業務は知識集約的な作業を伴うことになる。そのための教育訓練プログラムはこのビ

ジネスモデルの重要な要素となっている。また，プラットフォームをオープンにすることを通じて，そのプラットフォームにアクセスする顧客獲得のための行動がとりわけ必要である。そのための多様かつ多層の顧客基盤をもつ企業との水平的な補完の業務提携も含めて，多層なチャネルづくりは，組織的な学習プロセス抜きには成り立たない。チャネルがどこにあるか，どのように新規の顧客を呼び込むことができるかは，知的な作業であり，組織学習に頼らざるをえない。

プラットフォーム協働モデルの競争優位性とその検証

　プラットフォーム協働モデルは，先の2つのモデルと異なり，プラットフォームの開発者が自ら必ずしもプラットフォーム事業者として独自にプラットフォーム事業が展開できない場合のモデルである。有用な技術でプラットフォームを開発したが，市場が表出していない，規制・制度の壁が高い，ユーザーに信用してもらいにくいなどの制約があることも多い。

　また，プラットフォーム協働モデルは構造や形態が特定されるものでもない。ワンサイド，ツーサイド，マルチサイドの構造があらかじめ設計できるものでもない。さらに，プラットフォームが形あるものでなかったり組織体であったりするばかりか，プレーヤーが複数介在する。その複数のプレーヤーが蓄積している知識を動員して協働して問題解決することを通じて事業を創造するモデルである。

　プラットフォーム協働モデルを選択した際の競争優位性は，情報の非対称性を解消するコミュニケーションの促進機能とユーザーのアクセスによるサイド間ネットワーク効果の活用からもたらされる。情報の非対称性を解消するコミュニケーションの促進機能とは，コミュニケーションが成り立つための言語体系としての標準プロトコル，信頼確立への双方向コミュニケーション，信用を仲介する認証・評価機能を整備することである。サイド間ネットワーク効果の活用は問題解決への協働の相互作用からもたらされる価値創造である。情報が円滑に流通し，問題解決へのわかりやすいコンセプトが明確に示されユーザーが自ずと集まってくることで，市場が創出されるからである。

図表7-1 プラットフォーム・モデルにおける経営行動と競争優位性

モデル	経営行動	競争優位性
プラットフォーム編集モデル	・ユーザーへのプラットフォームの周知活動 ・独自の顧客基盤をもつ補完事業者の獲得 ・補完事業者間の競争の導入 ・補完事業者の自発的な投資行動を促進した新カテゴリーの開発	・ユーザーアクセスを高める情報検コスト削減の品質保証システムの導入 ・先行者優位を発揮できる補完事業者との疎結合の関係性
プラットフォーム公開モデル	・プラットフォームのオープン化 ・高度な技術力をコアコンピタンス ・マーケティング・チャネルの組織的学習 ・ライフスタイル変化を読み込んだサービスの開発	・専門化した知識・スキルの交換における価値共創戦略 ・高度な技術力をさらに複雑化することで参入障壁、コアコンピタンスを形成
プラットフォーム協働モデル	・特有の経営資源をもつ顧客企業との協働による問題解決を通じた ・有力なブランドを持つプラットフォームへのバンドル化や架橋戦略	・知識を協働して問題解決するビジネスモデルの確立 ・情報の非対称性を解消する特定のプロトコルや制度の整備

(出所) 筆者作成。

　端的な事例が、ジェネリック医薬品通知システムのように医療費削減と被保険者の健康増進という明確なコンセプトによって協働による問題解決への取り組みや、全国初の太陽光発電付賃貸マンションのような入居者とマンション・オーナーの相互にメリットのあるサイド間ネットワーク効果の発揮が、強い競争優位性を生み出している。

　事例分析のプラットフォームにあるように、社会技術を活用して問題解決を図るプラットフォームでは、食の安全安心、防災・国土保全、医療・福祉支援、環境エネルギーの領域における社会技術のイノベーション事例を対象とした。社会が抱える複雑な諸問題について、社会技術の領域は多くの市場を今後創出するばかりでなく、問題解決のソリューションとなる要素技術の開発も増加すると期待できる。

(2) プラットフォーム・モデルのアクセス増勢システム

需要における規模の経済性の創出

　プラットフォーム・モデルの競争優位性は、プラットフォームへの需要における規模の経済性からもたらされることによっている。いずれのプラット

フォーム・モデルも，生産面でなく需要面における市場性が生まれてくることが前提になる。そして，プラットフォームをもつことのマルチホーミング・コストを上回る便益が得られることでクリティカル・マスを超えると需要は急速に高まることから，規模の経済性が有効に働くところとなる。

　需要における規模の経済性が創出されてこそ，プラットフォームが有用性をもってくる。この規模の経済性がどのようなところに潜在的にあるかを模索することが不可欠である。プラットフォーム公開モデルの事例では，写真がなくてはならないライフスタイルや文化を追い求めることであった。遺影写真では，通常の写真館では需要がいつ発生するかわからず暗室での作業はつらく短時間で処理しなくてはならないことから積極的に手掛ける写真館が少なかったため，情報通信ネットワークを活用してビジネス需要を集約化して初めて，需要における規模の経済性を創り出している。

　また，プラットフォーム協働モデルでは，この需要の規模の経済性を十分働かすことができない事例も少なくない。とりわけ，防災など公共工事に関連する事業や地方自治体の予算制度からの制約がある事業などでは規模の経済性を発揮しにくい。しかしそれでも，緊急時安否確認メールの事業化では，有力なプラットフォームにバンドル化して付帯サービスとして需要の規模の経済性を獲得していることがその後の成長を確かなものにしている。この需要における規模の経済性を創出することが事業創造のマネジメントの要諦である。

プラットフォーム・モデルのアクセス増勢システム

　需要における規模の経済性を獲得することは，プラットフォームにアクセスするユーザーを増勢することでもある。そのアクセス増勢システムは，プラットフォーム・モデルの特性に応じてさまざまである。

　プラットフォーム編集モデルでは，プラットフォーム事業者がユーザー・アクセスを高めるための増勢システムにおいて，ユーザーの情報検索コストを低減することが有効であった。情報を探し出すための時間とコスト（通信料など）を引き下げ，アクセスの利便性を高めることである。ｉモード・プラットフォームでは，公式サイトを認定し，さらに，ホームページでのカテ

ゴリー別のコンテンツの掲載順にも差異化を導入している。また，補完事業者のコンテンツ・プロバイダーは無料で会員を誘導している。

　プラットフォーム公開モデルでは，プラットフォームを活用する可能性のある潜在的な需要層を見つけ出し，その顕在化のためのマーケティング・チャネルの深耕がアクセス増勢に有効となっていた。多層的な幅広いユーザー・グループへのマーケティング・チャネルは，プラットフォームを活用する生活シーンの分析やビジネス用途の探索をもとに開拓することができている。

　プラットフォーム協働モデルでは，優遇されるサイドのユーザー層がプラットフォームの構築に携わり，ユーザーがユーザーを呼ぶ関係性がアクセスを増勢することになる。ユーザーがプラットフォームのブランド化を形成する構図である。事例とした医療費削減・健康増進プラットフォームは，ジェネリック医薬品通知システムを活用し削減された医療費分を原資として健診指導など健康増進への余力を生み出すことがユーザーに理解されているからこそ，プラットフォームへのアクセスが増勢するところとなっている。高齢者の働きがいと食の安全安心プラットフォームも，農産物出荷者の顔が見える安心感からリピート客がプラットフォームを支えている。

(3) プラットフォーム導入の端緒とビジネスモデル革新

プラットフォームの選択・導入の端緒

　プラットフォームの競争優位性を獲得するためには，アクセス増勢システムとともに，さらに重要な視点は，プラットフォームを選択・導入するときの契機である。企業の経営戦略として，どのような視点からプラットフォームを導入したのか，プラットフォームを選択することによってビジネスモデルをいかに組み立てていくのかは，企業の成長を大きく左右するところとなる。

　プラットフォーム編集モデルは，プラットフォーム事業者が自ら事業展開するよりも，補完事業者が培っている優れた商品・サービスや会員組織などの経営資源を活用することの方が効率的である場合に選択されるモデルである。有力な補完事業者にいち早く参画して先行者利益を獲得してもらうため

にも，プラットフォームのインターフェースのオープン化も大きな事業機会獲得の端緒となる。さらに，補完事業者のサイドを認証し品質保証することでユーザーの情報検索コストを軽減する仕組みを講じることも事業機会を拡大する。

　プラットフォーム公開モデルは，事例分析にあるように，画像処理した遺影写真を（オートバイで）配送するだけではマーケットが狭いためプラットフォームを顧客サイドに設置する選択をした。さらにユーザーが自ら写真集の編集工程に携わり「自動組み版と編集をセットにすることによる人件費発生の抑止」効果が得られることに着目したプラットフォームの公開という契機から選択されている。このように，物流費やオペレーション・コストが低く抑えられるのであれば，プラットフォーム編集モデルよりも有利であり，収穫逓増の法則も招きやすい構図となってくる。

　プラットフォーム協働モデルは，自力でプラットフォームを構築するには経営資源が脆弱で，しかも，プラットフォームから導き出される効果が自力で構築する以上の消費者余剰を生む可能性が高いことで選択されるモデルである。社会技術の事例分析では，いずれの社会技術も顧客企業サイドとそのユーザーのサイドを橋渡すプラットフォームとして提供されている。プラットフォーム選択の契機は，顧客サイドでアクセスを高める必要性が高まった時，あるいは，ユーザーサイドのニーズが多様化し変化の兆しがみえた時に，情報アクセスなどの無駄な共通コストが削減できるシステムとなるほど事業機会が拡がっている。顧客とのコミュニケーションで問題解決を繰り返す中で開発されることが多い。

ネットワーク効果を呼び込むビジネスモデル革新

　プラットフォーム戦略は，ワンサイドからマルチサイドまでのプラットフォームそれぞれに応じたネットワーク効果を働かすことによってユーザーにより大きな消費者余剰をもたらす戦略である。ユーザーを集客しそこでの顧客ロイヤルティが高まることによって新たなユーザーが集まってくるメカニズムを活用するためである。

　プラットフォームの選択にもとづいて事業機会を導き出すためには，この

ようなネットワーク効果を活用することが有効であり，そのネットワーク効果を呼び込む革新的なビジネスモデルを確立することが求められる。

プラットフォーム編集モデルでは，プラットフォーム事業者はユーザーサイドを優遇し，補完事業者からプラットフォーム利用に課金するモデルを採用する。例えば，iモード・プラットフォームでは，従来のユーザーからの通信料モデルに加えて，補完事業者からの料金収納代行手数料のビジネスモデルに拡大している。楽天のビジネスモデルは，出店基本料，システム利用料とからなり，システム利用料には売上に応じた従量課金と顧客アクセスの増進費（メール配信費など）を含んでいる。従量課金制度の採用は2002年からである。従量制であれば，プラットフォーム事業者はユーザーの情報検索コストを低減する一方，補完事業者が自由な裁量のもと独自に顧客アクセスを拡大しやすい疎結合のビジネスモデルがネットワーク効果を呼び込むことになる。

プラットフォーム公開モデルでは，ワンサイド・プラットフォームであれ

図表7-2　プラットフォーム・モデルにおけるビジネスモデル革新

プラットフォーム・モデル	事業機会の端初	ビジネスモデル革新
プラットフォーム編集モデル	・補完事業者の協力を得るほうが自力で開発するより有利なとき ・補完事業者が参画しやすいインターフェースのオープン化 ・品質保証などでユーザーの情報検索コストを低減	疎結合のビジネスモデル 自由裁量な投資による顧客アクセス増進策でネットワーク効果増進
プラットフォーム公開モデル	・情報通信ネットワークを活用して配送費が削減できるとき ・専門化した知識・スキルをシステム化した工程への顧客の参加による人件費などオペレーション ・コストの軽減	価値共創のビジネスモデル 専門化した知識・スキルを顧客にダイレクトに提供し顧客価値を高める
プラットフォーム協働モデル	・自力では経営資源が足りず顧客等の協力で情報の非対称性が解消できる手立てが確立できたとき ・ユーザーがアクセスするときなど共通にかかる無駄なコストの削減	協働のビジネスモデル 有力な顧客企業がもつ市場開拓力を活用して協働して問題解決することで市場を創造する

（出所）筆者作成。

ばユーザーへのダイレクト・モデルとなる。ダイレクト・モデルでは，顧客価値で顧客との継続的な関係性を維持する価値共創のビジネスモデルが新たな顧客を呼び込むことになる。

　プラットフォーム協働モデルでは，開発したプラットフォームを自力では経営資源が足りず事業展開できないことから，有力な顧客が培ってきた市場開拓力を活用して協働して問題解決することで新市場を創造することができる協働のビジネスモデルが成り立つ。有力な顧客企業がサイドとなって，ユーザーが抱える問題を解決するモデルである。

❷ プラットフォーム戦略のデザイン

(1) プラットフォームの拡張と戦略デザイン

プラットフォームの拡張メカニズム

　これまでプラットフォーム編集モデル，プラットフォーム公開モデル，プラットフォーム協働モデルと論考してきたが，その順番は，ベンチャービジネスが創業し成長するプロセスと経営行動に着目して考察してきた。すなわち，プラットフォーム事業者が展開するプラットフォームにいち早く参画することで先行者利益を獲得する行動のタイプ，自らプラットフォームを公開しニッチな市場であってもユーザーを獲得していくような行動のタイプ，プラットフォームを開発したが自力で市場を開拓するだけの経営資源がないことからその補完に有効な関係者と協働してプラットフォームを市場投入するタイプである。

　しかし，プラットフォームの構造に着目してみると，プラットフォーム編集モデルはツーサイド，プラットフォーム公開モデルはワンサイド，プラットフォーム協働モデルはマルチサイドの構造になりがちである。マルチサイドであるほど，サイドが複数になり，それだけ多面的な市場を形成することができることから，プラットフォームの拡張メカニズムが働きやすい。例えば，NTTドコモがiモードのサイドに加えておサイフケータイ機能のサイドを追加した行動や，楽天が楽天市場に加えて旅行や金融サービスサイドな

どで楽天経済圏を目指すのも，多面的な市場創造への経営行動である。

プラットフォーム戦略のデザイン

　プラットフォームの拡張行動は，N面市場を創造していく行動であり，プラットフォーム事業者が志向する経営戦略である。ワンサイドからマルチサイドへの拡張メカニズムをもとに，その戦略デザインを描いてみよう（図表7－3）。

　まず，プラットフォームの開発やビジネス構想を立案するにあたっては，需要における規模の経済性が働くか，その発生はどの程度でどこからかを確認することから始めなくてはならない。この需要における規模の経済性がプラットフォーム戦略における前提になるからである。しかも，規模の経済性が大きければ大きいほど市場は大きくなる。

　その確認作業を経て，プラットフォーム公開モデルにチャレンジする。そのとき専門化された知識・スキルを体化したプラットフォームがデファクトスタンダード，標準化を握り得るかが競争優位性を左右する。デファクトスタンダードになり得れば顧客へのダイレクト・モデルが成り立ち，価値共創のビジネスモデルを確立することができる。大きな顧客価値を提供することで顧客との継続性も獲得できる。ただし，細分化した市場を掘り下げ，マーケティングのシナジー効果が発揮できるようなマーケティング・チャネルの開拓が不可欠である。そして，物流・オペレーション・コストの内部化が有利であれば収穫逓増の法則が期待できるからワンサイド・プラットフォームを採用し続け，必要によっては同じ効果をもたらすビジネスを追加して開拓することにもなる。

　物流・オペレーション・コストが必要以上にかかり，自力では経営資源が足らず他者の協力を得た方がビジネスを有効に展開することができれば，マルチサイド化を模索することになる。その場合，情報の非対称性が大きくプラットフォーム構築が容易でない場合，プラットフォーム協働モデルの選択肢がある。

　さらに，優遇するサイドが明確で規模の経済性を獲得できるのであれば，マルチサイド化への機会を求めていくことになる。そこでは，ユーザーを惹

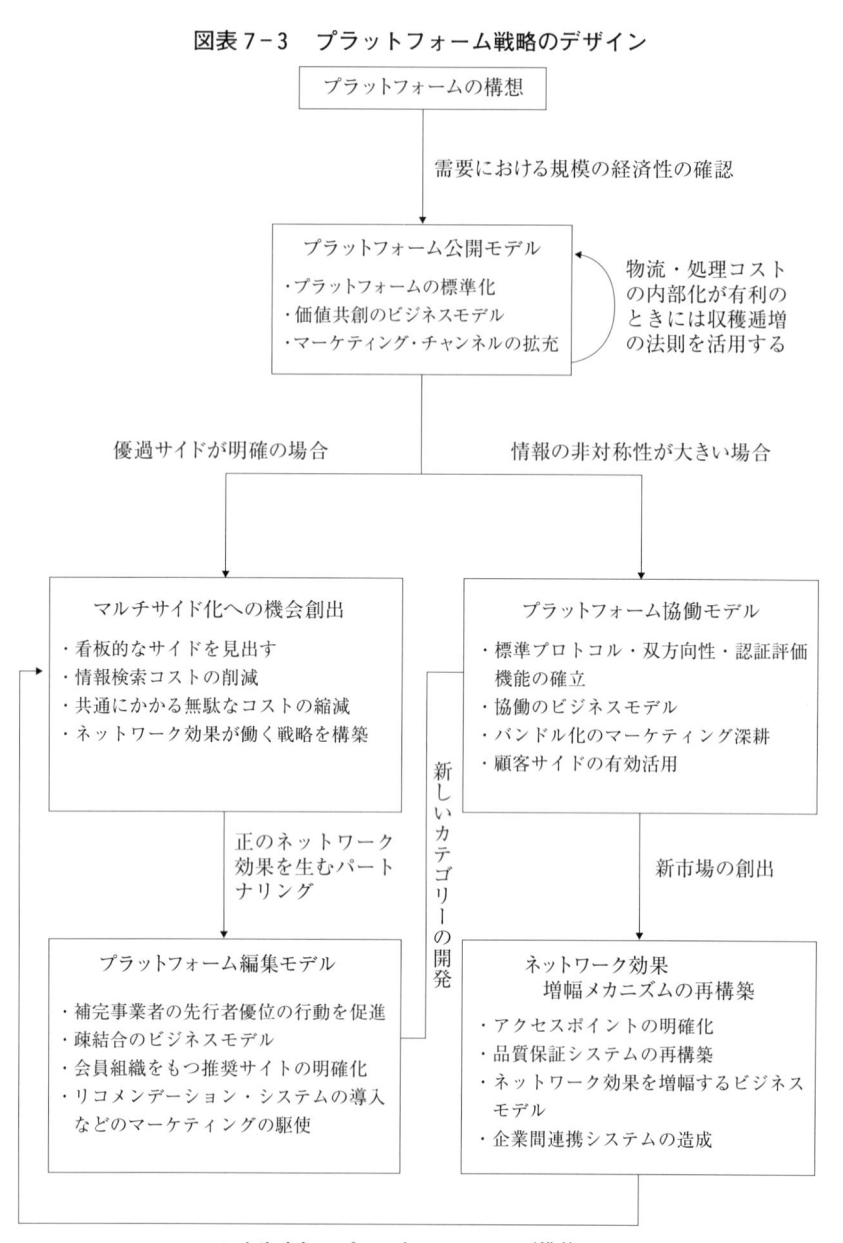

図表7-3 プラットフォーム戦略のデザイン

```
                    ┌─────────────────────┐
                    │ プラットフォームの構想 │
                    └──────────┬──────────┘
                               │ 需要における規模の経済性の確認
                               ▼
                    ┌─────────────────────┐
                    │ プラットフォーム公開モデル │        物流・処理コスト
                    │ ・プラットフォームの標準化 │  ⟲    の内部化が有利の
                    │ ・価値共創のビジネスモデル │        ときには収穫逓増
                    │ ・マーケティング・チャンネルの拡充 │  の法則を活用する
                    └──────────┬──────────┘
            優過サイドが明確の場合 │ 情報の非対称性が大きい場合
                ┌──────────────┴──────────────┐
                ▼                              ▼
    ┌─────────────────────┐          ┌─────────────────────┐
    │ マルチサイド化への機会創出 │          │ プラットフォーム協働モデル │
    │ ・看板的なサイドを見出す   │          │ ・標準プロトコル・双方向性・認証評価 │
    │ ・情報検索コストの削減     │          │   機能の確立               │
    │ ・共通にかかる無駄なコストの縮減 │      │ ・協働のビジネスモデル       │
    │ ・ネットワーク効果が働く戦略を構築 │    │ ・バンドル化のマーケティング深耕 │
    │                          │          │ ・顧客サイドの有効活用       │
    └──────────┬──────────┘          └──────────┬──────────┘
               │ 正のネットワーク                          │ 新市場の創出
               │ 効果を生むパート      新しいカテゴリーの開発
               │ ナリング
               ▼                                         ▼
    ┌─────────────────────┐          ┌─────────────────────┐
    │ プラットフォーム編集モデル │          │ ネットワーク効果        │
    │ ・補完事業者の先行者優位の行動を促進 │  │ 増幅メカニズムの再構築   │
    │ ・疎結合のビジネスモデル   │          │ ・アクセスポイントの明確化 │
    │ ・会員組織をもつ推奨サイトの明確化 │    │ ・品質保証システムの再構築 │
    │ ・リコメンデーション・システムの導入 │  │ ・ネットワーク効果を増幅するビジネス │
    │   などのマーケティングの駆使 │        │   モデル                  │
    │                          │          │ ・企業間連携システムの造成 │
    └─────────────────────┘          └─────────────────────┘

                  マルチサイド・プラットフォームの再構築
```

(出所) Hagiu (2006) を参考に筆者作成。

きつける看板となるようなサイドあるいは補完事業者を見出すことを優先し，ユーザーが欲しい商品・サービスの情報検索コストを削減する仕組みを講じることやその情報にアクセスする際，共通にかかる無駄なコストを軽減するなど，アクセスに便利な（ネットワーク効果を高める）戦略を模索することで，マルチサイド化の方向を描いていく。

　正のネットワーク効果をもたらす補完事業者とのパートナリングが得られるのであれば，プラットフォーム編集モデルを選択するところとなる。その補完事業者が培っている経営資源と自発的な投資行動を極力活用する一方で，補完事業者間に競争のメカニズムを取り入れ，有力な補完事業者を選別することが得策である。そのような疎結合のビジネスモデルを追求することとなる。

　そして，プラットフォーム編集モデルはツーサイドの市場を形成することが多いが，補完事業者の参画によって新しいカテゴリー開発を生むことができるのであれば，そのカテゴリーを軸とした市場を創造することができる。プラットフォーム事業者または補完事業者が新市場を構想し具体化するときに十分な経営資源が獲得できていない場合には，プラットフォーム協働モデルが志向される。

　プラットフォーム協働モデルは，問題解決を通じてビジネスを創造するモデルであり，有力な連携企業が培っている市場開拓力などの経営資源を最大限活用して，協働のビジネスモデルをもとに次なる新たな市場を創出していくことができる。

　プラットフォーム協働モデルが競争優位性を発揮するのは，サイド間のネットワーク効果が働く時である。プラットフォーム開発者は，ユーザーサイドと顧客サイドの間で相乗的なネットワーク効果が生まれるメカニズムを創造することに尽力することになる。プラットフォーム協働モデルのもとで新市場の創出が期待できるときには，このプラットフォーム効果増幅メカニズムを再構築することとなり，マルチサイド・プラットフォームをさらに模索することになる。そして，事業機会を再び模索するサイクルを実行することになる。

(2) ネットワーク効果増幅メカニズムとその活用

ネットワーク効果増幅の構造

　プラットフォーム戦略の要諦は，ネットワーク効果増幅メカニズムをいかに活用するかにある。ネットワーク効果増幅メカニズムは，ネットワーク効果そのものをより増幅させるメカニズムで，プラットフォーム特有の戦略である。

　iモード・プラットフォームが典型的な事例である。プラットフォームに参加するコンテンツが多ければ多いほど，プラットフォームの価値が上昇し，携帯電話の普及率が高まる。利用するユーザーが増えれば，ユーザーの消費者余剰，効用が高まる（サイド内）。そして，携帯電話の普及が高まればコンテンツを安心して供給していくことができる。携帯電話とコンテンツとのサイド間の関係は，ネットワーク効果が働いている。

　このように，サイド内とサイド間のプラットフォーム効果があることから，それぞれの効果をいかに増幅させるかが問われる。しかしながら，プ

図表7-4　ネットワーク効果増幅戦略メカニズムの構造

プラットフォーム・モデル	ネットワーク効果のメカニズム	プラットフォーム事業者の行動	補完事業者の行動
プラットフォーム編集モデル	サイド内	・プラットフォームの宣伝 ・プラットフォーム投入初期の優遇的な価格設定	・独自の会員組織化 ・特定顧客へのメール配信 ・リコメンデーション・システム
	サイド間	・サービスのランキングによるアクセスの誘導 ・品質保証システムの導入	・サービスのアフィリエート ・モデルなど架橋戦略の展開
プラットフォーム公開モデル	サイド内	・わかりやすい価格システム ・プラットフォームの用途開発 ・利用事例の紹介や推奨	—
プラットフォーム協働モデル	サイド間	・ユーザー・メリットの開示と信頼・信用の供与 ・プラットフォームのインターフェースの公開	・有力な事業者のサービスへのバンドル化 ・よりユーザー規模の大きな市場への拡張
		・プラットフォームのブランド化への協働的作用 ・直接的な効果とその先にある効果を明示したアジェンダの提示	

（出所）筆者作成。

ラットフォーム事業者の行動と補完事業者の行動は異なってくる。

　プラットフォーム編集モデルでは，プラットフォーム事業者は自らのプラットフォームを普及させるための行動とユーザーと補完事業者の間のサイド間の情報流通を高めるための品質保証システムの導入などを考えて行動する。一方，補完事業者は自らの事業拡張のために特定顧客にアクセスを促すメール配信などサイド内ネットワーク効果を追求するとともに，サイド間でもアフィリエート・モデル[1]など他の補完事業者のサービスを活用してユーザーサイドに働きかけていく行動を伴うことが少なくない。

　プラットフォーム公開モデルでは，サイド内ネットワーク効果を最大限増幅することに集中する。ユーザーを惹きつけるプラットフォームの新鮮さを維持するためにも，常に用途開発を探求するとともに，わかりやすい価格システムなどユーザーの利便性を高めることに行動を集中することになる。

　プラットフォーム協働モデルにおけるネットワーク効果増幅の構造は，サイド間に強く働くことになる。プラットフォーム事業者と補完事業者が協働してサイド間ネットワーク効果を増幅することが当モデルの特色である。プラットフォーム開発者が自らの経営資源のみでは事業化が困難だからサイド内ネットワーク効果を独自に増幅することはできない。有力な顧客企業の協力のもとでプラットフォームを構築し，ユーザーサイドと一体になってブランド確立を図ることや目先の問題解決のさらに先にある新たな効果を形あるものにするなどのサイド間ネットワーク効果を増幅する協働作業が付随することになる。

ネットワーク効果増幅メカニズムの活用

　デジタル社会での企業の経営戦略においては，プラットフォーム戦略は確実に1つの戦略的枠組みとなると考える。その枠組みにおいてはプラットフォーム特有のネットワーク効果を増幅するメカニズムこそが有効な戦略視座となる。プラットフォーム戦略は，イノベーションを創発していくプラットフォームであり，そのプラットフォームを利用するユーザーをいかに増やしていくか，そこでの消費者余剰をいかに増大させるかが問われるからである。

とりわけ，経営資源が不足がちなベンチャービジネスにとって，ネットワーク効果増幅メカニズムを活用することによって，経営資源を補う以上のメリットを享受することができる。例えば，社会技術を開発してプラットフォーム事業を展開しようにも，市場や顧客像がすでに存在するわけではないことが多いことから事業化が容易ではない。その事業化においては，有力なパートナー企業の市場開拓力にバンドル化して，ネットワーク効果を増幅する戦略が得策である。

ネットワーク効果増幅メカニズムと企業間連携能力

　ネットワーク効果増幅メカニズムを活用することは，企業間の連携能力を高めることにもなる。サイド内およびサイド間ネットワーク効果のいずれでも特有の経営資源が培われている企業との連携がとりわけネットワーク効果を増幅しやすくする。

　プラットフォーム編集モデルでは疎結合の関係性の連携が有効であると論じてきた。プラットフォーム公開モデルでも多様なマーケティング・チャネルを開拓するために水平補完的な連携が有効である。プラットフォーム協働モデルはそれ以上に企業間連携を前提に事業を展開するところとなっている。

　このように，ネットワーク効果増幅メカニズムを活用することは多くの企業との連携を必要とすることから，いままで以上に高い企業間連携能力が求められてくる。その企業間連携能力は，プラットフォームの有用性を明確に説明できる戦略デザインと技術力などのコアコンピタンスを明示する能力である。太陽光発電付賃貸マンションの事例では，電力会社への技術的な実用性を論証するために実証実験を繰り返したし，金融機関にはツーサイド・プラットフォームからの収益シュミレーションを戸別電力使用量をもとに図式化までしている。さらに，ユーザーサイドのマンション・オーナーや入居希望者にキャッシュフロー表を月別に作成して，相互のネットワーク効果が増進できる根拠を明示するほどである。その背景には，韓国企業との連携を含めて[2]，プラットフォーム戦略を推進するうえでの高い企業間連携能力が培われてきたから可能になったものである。

⑶ プラットフォーム戦略による新市場の創出

プラットフォーム戦略による新市場の創出

　プラットフォーム戦略は，プラットフォームが多面的な市場を形成するネットワーク体であることから，新市場を創出するのにきわめて有効な戦略である。しかも，その新市場は2つの側面から創出できることが事例分析から導かれている。

　その1つは，プラットフォームそのものの構築からもたらされる新市場である。iモード市場，遺影写真画像処理市場，写真集製作市場，高齢者による食の安全安心市場，高齢者移住安心市場などと，いずれも新規の市場であり，多面的な市場となっているものが多い。プラットフォームの構築そのものが市場を創造しているからである。

　もう1つは，ネットワーク効果増進メカニズムから間接的に創造される市場である。事例分析で取り上げたジェネリック医薬品通知システムは，ジェネリック医薬品に転換することで利用者の医療費を削減できるだけでなく，国民健康保険財政や民間の健康保険組合財政のスリム化をもたらし新たに生まれてくる削減余力を活用して健保指導だけでなく，糖尿病などの疾病管理という大きなマーケットを創造してきている[3]。また，移動体モニタリングシステムでも，タクシー市場での直接的なネットワーク効果を増進した結果，ユーザーの利用者が小口の料金支払いに便利ないずれの電子マネーでもタクシー降車時に決済できる端末とネットワークの（全国初の）新市場を創出している。タクシーのユーザーサイドと事業者サイドにこだわった考察から，いかにより大きなネットワーク効果を増進させるかを追求するなかから間接的に生まれた市場である。

　このような2つの側面からの新市場がプラットフォーム戦略から生み出すことができることを戦略枠組みとして取り込むことができる。

マーケティング能力を高めるプラットフォーム戦略

　さらに，プラットフォーム戦略からの新市場の創出は，きわめて高度なマーケティング能力を培うことになる。プラットフォーム公開モデルの事例

では，プラットフォームを活用する生活シーンを先取りして提案しつつ多様なマーケティング・チャネルを開拓してきた。ワンサイドのプラットフォームの競争優位性を獲得するためであるが，そこで培われたマーケティング能力の組織学習を通じて次々にチャネルを開拓しているように，プラットフォーム戦略は高度なマーケティング能力を培うことができる。このような高度なマーケティング戦略は，プラットフォーム公開モデルだけのものではない。プラットフォーム協働モデルの事例にある高齢者の働きがいと食の安全安心プラットフォームもトレーサビリティ・システムを有効に活用して高齢者のサイドに高額な報酬をもたらしている。また，高齢者移住のタウンマネジメント・プラットフォームにいたっては高度なブランディング構築能力をもたらしている。

このように，プラットフォーム戦略を展開することで，自ずとマーケティング能力が磨かれていくプロセスに眼目がある。

❸ プラットフォーム戦略の拡がり

(1) イノベーション創発の構造

イノベーション創発の基軸

プラットフォーム戦略は，イノベーションを創発するエンジンとなってくる。その戦略は，プラットフォーム・モデルにあるように多様で多角的な側面を多分に有している。イノベーションの原点に立ち返って，プラットフォーム戦略の意義を再確認してみよう。

J.F. シュンペーターの4つの論文をまとめ，清成がシュンペータ（1998）において解説を試みているように，生産は利用しうる経営資源を結合することであり，「発展」は生産手段の「新結合」を通じて「非連続的」に現れる，この新結合を遂行することが「革新」（イノベーション）である。その新結合は，有名な次の5つである。

①新しい生産物または生産物の新しい品質の創出と実現
②新しい生産方法の導入

図表7-5　プラットフォーム戦略によるイノベーション創発の構造

	プラットフォーム・モデル		
	プラットフォーム編集モデル	プラットフォーム公開モデル	プラットフォーム協働モデル
代表的な プラットフォーム	iモード・プラットフォーム	価値共創の プラットフォーム	社会の諸問題解決への 社会技術のプラットフォーム
代表的な ビジネス領域	コンテンツビジネス 電子商取引ビジネス	受注生産型ものづくり	・食の安全安心 ・防災・国土保全 ・医療・福祉支援 ・環境エネルギー
創発する イノベーション	コンテンツ等の イノベーション	ものづくり分野の サービスイノベーション	社会技術による イノベーション
イノベーションの 基軸	疎結合	価値共創	協働
事業創造への 経営戦略	品質保証などアクセス増加策 補完事業者の自発的な投資 誘導	専門化した知識・スキルの 交換 プラットフォームの標準化	協働のネットワーキング 情報の非対称性の解消
経営資源補完への 組織行動	有力な経営資源を持つ補完 事業者の参画と競争の誘導	多様なマーケティング・ チャネル開拓とそのための 業務提携	有力なブランドへのバンドル化 プラットフォーム架橋戦略

（出所）筆者作成。

③産業の新しい組織の創出
④新しい販売市場の開拓
⑤新しい買い付け先の開拓

　シュンペーター流のイノベーションは，多種の生産手段の新結合から成り立つ経営行動の成果から醸成されている。プラットフォームも生産手段に含まれるものだが，多面的な市場特性が存在するプラットフォームそのものに新結合の視点を導くためには，概念をさらに拡大していくことも必要である。なぜなら，多面市場での財やサービスの交換には生産手段ばかりでなく，ネットワーク効果から生まれる消費者余剰の創造そのものを取り扱う必要があるからである。そして，生産システムもこれまでのような産業システムの様相ではなく，多面的に融合しあう産業システムへと移りつつある。植草（2000）はこれからの産業組織の方向として産業融合の概念を提示しているが，まさに産業融合の潮流から多面的なプラットフォームが数多く出現してきている。

プラットフォーム・モデルで事例分析したように，イノベーション創発の基軸は，新結合の概念を拡大しうるような疎結合，価値共創，協働という基軸からイノベーションが創発されてくる。従来の生産物の創出だけでなく，コンテンツやものづくりのサービス化や問題解決のための社会技術にも適用されるイノベーションである。

　イノベーションの基軸となる疎結合，価値共創，協働のいずれも新結合の形態を反映している。疎結合は緩い関係性の結合であり，価値共創は専門化された知識・スキルの交換における顧客との交換行動に加わる結合であり，協働は関係者による問題解決のための知識の結合を意味している。

プラットフォームにおけるインターフェースの同期化

　プラットフォームは，アクセス・ポイントが明確でその接合が容易でなくてはならない。事例でみてきたプラットフォーム編集・公開・協働モデルのいずれでも，プラットフォームにおけるインターフェースが共通言語・プロトコルとして公開または標準化されている。プラットフォームをより広く活用していくためには，CDの楽曲をWindows 7のパソコンに同期して取り込むためには，デバイスとアプリケーションの同期化が図られなくてはならない。プラットフォームは，デバイスであったりソフトウエア・プログラムであったりするが，市場・都市施設であっても同様である。高齢者移住のタウンマネジメント・プラットフォームでは移住者が同期化することのできる居住システム，交通モビリティシステムなどが用意されている。

　また，プラットフォームにおけるインターフェースの同期化は，品質保証などアクセス増加策，専門化した知識・スキルの交換，協働のネットワーキング活動といった事業創造への経営戦略を構築するためにも有効な視点である。

(2) プラットフォーム戦略の拡がり

産業システムの今後とプラットフォーム戦略

　プラットフォームにおけるインターフェースの同期化，あるいは，デバイスとアプリケーションの同期化は，これからの産業システムを考えていくう

えで有益な視点を投げかけている。これからの産業システムは，従来のようなクローズドなインターフェースで垂直的な生産システムのもとであらゆる機能を搭載した製品・サービスを提供するのではなく，必要に応じてアプリケーション機能を同期化するようなシステムに移行していくことが多くなる。そして，プラットフォームのサイド構成をマルチサイド化するような設計思想がこれからの産業システムに取り入れられていくと考える。

　日本の産業システムの今後を展望するとき，プラットフォーム戦略は有効な視座となってくるだろう。多角的なN面の市場を形成するプラットフォームは，ユーザーからの高い評価を得て，広まっていく。なぜなら，ネットワーク効果を増幅するプラットフォーム戦略についての実証分析から，つぎのような含意が導かれるからである。

①情報がプラットフォーム上で円滑に流通し顧客ニーズや市場変化に弾力的に適応できる戦略が遂行できる
②特有の経営資源をもつ企業との連携能力が鍛錬でき事業の収益化を速める
③多面的なマーケティング能力を高めることができ需要における規模の経済性が追求できる
④インターフェースの同期化によって多様な問題解決に有効で，しかも新たな価値創造が追求できる
⑤プラットフォームのデザインを探求する先に新しい市場の創出を描くことができる

情報を流れやすくするガバナンス機能

　プラットフォーム戦略をより有効にしていくためには，ユーザーのアクセスを高めるメカニズムを働かすことである。ワンサイドのプラットフォームはアクセスが低下すれば成り立たなくなる。また，マルチサイド・プラットフォームもサイドそれぞれへユーザーが適切に誘導されなくてはならない。特定のサイドに偏ってはサイド間のネットワーク効果が働く余地がないからである。

このようなアクセスを高めるためには，情報の非対称性の解消が欠かせない。そのためには，標準となるプロトコル，双方向のコミュニケーション，信用を仲介する認証・評価機能がいずれのプラットフォームでも必要とされる。これらは，情報がプラットフォーム上でよどみなく流れる仕組みであり，プラットフォーム運営のガバナンス機能でもある。

　プラットフォームはとかく個人情報を取り扱うことが多い。プラットフォーム編集モデルでも取引や情報の交換に個人情報が欠かせないし，プラットフォーム公開モデルでも画像情報含めて取り扱いに慎重さが求められる。さらに，医療・福祉領域での問題解決に有効なプラットフォーム協働モデルではそれ以上の慎重さが必要である。プラットフォームの設計にガバナンス機能を取り込むことも欠かせない視点である。

プラットフォームはイノベーションを創発し続ける進化システム

　これからのプラットフォーム戦略によるイノベーションは，少子高齢化社会で，かつ人口減少社会のもとでも新規性と有用性が発揮されるイノベーションが希求されるが，新たな社会生活システムを導くものであるべきであろう。そのようなプラットフォームは価値観の異なるサイドとサイドが相乗的にネットワーク効果を増進させながら，次なるイノベーションを創出していくなかから問題解決を導き出していくことになる。その意味で，プラットフォームは，サイド間でイノベーションを創発し続ける進化システムでなくてはならないだろう。

　さらに，日本には電子マネー，ATM（現金自動預け払い機），ITS（高度道路交通システム）といった世界的に最高水準の高度な技術を搭載したプラットフォームが普及しているが，これらのプラットフォームを活用した新しいビジネスも拡大していくと予想できる。情報流通に優れたプラットフォームであり，知識社会におけるイノベーションを創発すると期待できるものばかりである。

　日本が培ってきた高度な産業技術，情報通信サービス技術を活用したプラットフォームの創出は，プラットフォーム戦略によって新しいライフスタイルを問いかけてくるようなイノベーションを多くの分野で創発できると期

待でき，日本の経済社会に持続的な活力をもたらすこととなる。それとともに，iモード・プラットフォームが提起したようなベンチャービジネスを群生させるプラットフォームの創造が期待されている。そのようなプラットフォームを創造していく経営戦略が，プラットフォーム戦略である。

注
1）成功報酬型広告で，ある広告媒体のウェブサイトにある広告をもとに閲覧者が広告主の商品を購入したとき生じた利益に応じて広告媒体に成功報酬を与える形態。
2）マンションのセキュリティ技術等で韓国企業と提携している。
3）図表6-5参照されたい。

おわりに

　イノベーションの源泉となる3つのプラットフォーム・モデルを仮説構築し，実証分析を試みた。本書は，プラットフォーム・モデルの役割と機能を問題提起している。また，疎結合，価値共創，協働の場がプラットフォーム・モデルを形成する基軸となってイノベーションを創発していることを導いた。ベンチャービジネス等がイノベーション創発に有効なプラットフォーム戦略を取り入れた競争戦略にチャレンジしていくことを期待したい。

　中国語で「月台」というように，プラットフォームは，ネットワークを活用し，企業間の連携をより活用し，これまで無理だと思われていた垣根を超えて新たなイノベーティブな社会を支える基盤となってくる。そのような社会は，ソーシャキャピタルの豊かな社会である。プラットフォーム戦略を活用することで，ソーシャキャピタルの豊かな社会を築くことが日本の経済社会に求められているばかりでなく，国際経済社会での日本の役割でもあると考える。

　また，本書では，高齢化社会，低炭素社会，防災，食の安全安心など社会が抱える複雑な問題の解決に向けて，経営学の分野からの問題提起をさせていただいた。この社会技術という領域は工学系からのアプローチだけで対処することは難しく，より横断的な学際的なアプローチを必要としているからである。このため，社会学，心理学，文化人類学などと連携しながら，社会技術の領域についての経営学からのアプローチを一層深めていきたいと考えている。それとともに，社会技術の開発現場をインタビューさせていただいた折，いろいろな角度から挑戦されているそれぞれの優れた社会技術を組み合わせるコーディネート機能が発揮されれば日本の社会技術は国際的にもっと大きな戦略的社会性を有することになると感じた。

　銀木犀の高貴な香りがただよう季節になってしまった。この数カ月の間，私事になるが，自らの生活のまわりで大きな慶事がいくつか起きた。新しい

男の孫を授かったばかりでなく，子どもたちにいろいろな将来に向けた出来事もあって時間があわただしく過ぎていった。ひとり広島で本書の執筆・修正作業に追われるなか，鎌倉にいる妻悦子にすべてを任せてしまった。常のことながらここに改めて感謝したい。

　研究活動はつらくもあるが，実に楽しい知的作業である。瀬戸内海の小島でのゼミ合宿など，学生たちとの楽しい学習や会話も本書を作成する過程で多くの元気を与えてくれた。学生諸君にもお礼しておきたい。

　　2010年12月

著　者

参考文献

Afuah, A. and L. T. Tucci (2001) *Internet Business Models and Strategies : Text and Cases*, McGraw-Hill Book Co..

Barney, J. B. (2002) *Gaining and Sustaining Competitive Advantage*, 2nd edition, Pearson Education, Inc. (岡田正大訳 (2003)『企業戦略論』ダイヤモンド社).

Beck, U. (1986) Risikoge-sellschaft, Suhrkamp Verlag (東廉・伊藤美発里訳 (1998)『危険社会』法政大学出版局).

Boudreau, K. J. and A. Hagiu (2008) *Platform Rules : Multi-Sided Platforms as Regulators*, http//ssm.com/abstract=1269966.

Chesbrough, H. (2006) *Open Business Models*, Haverd Busines Press (栗原潔訳 (2007)『オープンビジネスモデル』翔泳社).

Eisenmann, T., A. Parker, and M. W. V. Alstyne (2006) "Strategie for Two-Sided Markets," *Harvard Bussiness Review*, Oct. 2006, pp. 92 − 101 (トーマス・アイゼンマン, ジェフリー・パーカー, マーシャル W. V. バン・アルスタイン (2007)「ツー・サイド・プラットフォーム戦略」『ダイヤモンド・ハーバード・ビジネス』6月号).

Eisenmann, T., A. Parker, and M. W. V. Alstyne (2007) "Platform Envelopment," Harvard Business School Working Paper, No. 07 − 104.

Evans, D. S., A. Hagiu, and R. Schmalensee (2006) *Invisible Engines*, The MIT Press.

藤垣裕子 (2007)「社会に役立つ知識とは」小林信一・小林傳司・藤垣裕子『社会技術概論』第11章, 放送大学教育新興会, pp. 153 − 163。

藤川佳則・K. ケイ (2006)「生活起点のサービスイノベーション」『一橋ビジネスレビュー』第54巻第2号, pp. 6 − 19。

Gawer, A. and M. A. Cusumano (2002) *Platform Leadership*, Harverd Business School Press (小林敏男監訳 (2005)『プラットフォーム・リーダーシップ』有斐閣).

Hagiu, A. (2006) *Multi-Sided Platforms : From Microfoundations to Design and Expansion Strategies*, Harvard Business School.

Hagiu, A. (2007) "Merchant or Two-Sided Platform ?" *Review of Network Econo-*

mies, Vol.6, Iss.2, pp.115−133.
Hagiu, A.（2009）*Two-Sided Platforms : Product Variety and Pricing Structures,* Harvard Business School.
Hamel, G. M. and C. K. Prahalad（1994）*Competing for the Future,* Harvard Business School Press（一條和生訳（2001）『コア・コンピタンス経営』日本経済新聞社）.
日髙一義・水田秀行（2006）「サービス科学の意義・将来展望」『IEEE Journal』Vol.126, No.9, pp. 609−613。
堀井秀之（2004）『問題解決のための「社会技術」』中公新書。
堀井秀之編（2006）『安全安心のための社会技術』東京大学出版会。
市川淳信（2000）『暴走する科学技術文明』岩波書店。
井原哲夫（1999）『サービス・エコノミー』東洋経済新報社。
今井賢一（2008）『創造的破壊とは何か 日本産業の再挑戦』東洋経済新報社。
今井賢一・國領二郎編（1994）「プラットフォーム・ビジネス」『InfoCom REVIEW』1994年冬季特別号，情報通信総合研究所.
稲葉陽二編（2008）『ソーシャル・キャピタルの潜在力』日本評論社。
伊丹敬之（1999）『場のマネジメント』NTT 出版。
伊丹敬之（2005）『場の論理とマネジメント』東洋経済新報社。
伊丹敬之・田中一弘・加藤俊彦・中野誠編『松下電器の経営改革』有斐閣。
Katz, M. L. and C. Shapiro（1985）"Network Externalities, Competition, and Compatibility," *American Economic Review*, Vol.75, No.3, pp.424−440.
金井一頼（1999）「地域におけるソシオダイナミクス・ネットワークの形成と展開」『組織科学』Vol.32, No.4, pp.48−57。
金井一頼・角田隆太郎編（2002）『ベンチャー企業経営論』有斐閣。
清成忠男（2005）「ベンチャー企業総論」『一橋ビジネスレビュー』第53巻第1号，pp.6−15。
小林信一・小林傳司・藤垣裕子（2007）『社会技術概論』放送大学教育振興会。
國領二郎（1995）『オープン・ネットワーク経営』日本経済新聞社。
國領二郎（1999）『オープン・アーキテクチャー戦略』ダイヤモンド社。
Kotler, P. and K. L. Keller（2006）*Marketing Management*, 12th edition, Prentice Hall（恩蔵直人監修（2008）『マーケティング・マネジメント』ピアソン・エデュケーション）.
Lincoln, Y. S.（1985）*Organizational Theory and Inquiry : The Paradigm Revolution,*

Sage Publications（寺本義也・神田良・小林一・岸眞理子訳（1990）「第4章 不完全な組織化システムにおける秩序の源泉：最近の組織理論の主要研究テーマ　カール E. ウェイク」『組織理論のパラダイム革命』白桃書房）.

前田昇（2007）「ベンチャーが先導するサービスイノベーション」『KEIO SFC JOURNAL』Vol.6, No.1, pp.26-47。

マキナニー，F.『松下ウェイ』ダイヤモンド社。

McMillan, J.（2002）*Reinventing the Bazaar*, W. W. Norton & Company, Inc.（瀧澤弘和・木村友二訳（2007）『市場を創る』NTT出版）.

宮川公男・大守隆編（2004）『ソーシャル・キャピタル』東洋経済新報社。

村上陽一郎（1998）『安全学』青土社。

夏野剛（2006）『ケータイの未来』ダイヤモンド社。

根来龍之（2005）「ビジネスモデル研究の新地平」根来龍之監修『デジタル時代の経営戦略』メディアセレクト，pp.12-20。

西口敏宏（2007）『遠距離交際と近所づきあい』NTT出版。

西口敏宏（2009）『ネットワーク思考のすすめ』東洋経済新報社。

Nocera, J.（1994）*A Piece of The Action*, International Creative Management, Inc.（野村総合研究所訳（1997）『アメリカ金融革命の群像』野村総合研究所）.

Parker, G. G. and M. W. Van Alstyne（2005）"Two-Sided Network Effects : A Theory of Information Product Design," *Management Science*, Vol.51, No.10, pp.1494-1504.

Prahalad, C. K. and V. Ramaswamy（2004）*The Future of Competition : Co-creating Unique Value with Customers,* Harvard Business School Press（有賀裕子訳（2004）『価値共創の未来へ』ランダムハウス講談社）.

Rogers, E. M.（1995）*Diffusionof Innovations*, 5th edition, Simon & Shuster, Inc.（三藤利雄訳（2007）『イノベーションの普及』翔泳社）.

榊原清則（1984）「イノベーション研究の新しい分析枠組み」『組織科学』Vol.18, No.3, pp.33-42。

シュンペーター，J. A. 著，清成忠男編訳（1998）『企業家とは何か』東洋経済新報社。

サービス産業のイノベーションと生産性に関する研究会（2007）『サービス産業におけるイノベーションと生産性向上に向けて』経済産業省商務情報政策局。

新宅純二郎・許斐義信・柴田高編（2000）『デファクト・スタンダードの本質』有斐閣。

新宅純二郎・田中辰雄・柳川範之編（2003）『ゲーム産業の経済分析』東洋経済新報社。

田中正光（1981）「ルース・カップリングの理論」『組織科学』第15巻2号，pp.59－75。

田中正光（1990）『イノベーションと組織選択』東洋経済新報社。

田中辰雄（2002）「携帯電話産業におけるネットワーク外部性の実証」『三田学会雑誌』第95巻第3号，pp.119－132。

植草益（2000）『産業融合』岩波書店。

Vargo, S. L and R. F. Lusch (2004) "Evolving to a New Dominant Logic for Marketing," *Journal of Marketing*, Vol. 68, pp. 1－17.

Vargo, S. L and R. F. Lusch (2008) "Service-dominant Logic : Continuing the Evolution," *Journal of the Academic Marketing Science*, Vol. 36, pp. 1－10.

Weick, K. E. (1976) "Educational Organizations as Loosely Coupled Systems," *Administrative Science Quarterly*, Vol. 21, pp. 1－19.

索　引

■事項索引■

A～Z

iモード・プラットフォーム　16
iモード・メニューブック　44
N面市場　19

ア行

アクセスの調整　90
アジェンダ　140, 148, 167
医療費削減・健康増進プラットフォーム　144, 166
オープンイノベーション　82, 87
オペレーション・コスト削減　85, 96

カ行

解釈コード　140, 167
価値共創　15, 69, 70, 179
価値共創のビジネスシステム　88
価値共創のビジネスモデル　79
価値共創のプラットフォーム　82
企業間提携能力　56
技術マップ　103
共通にかかる無駄なコストの削減　31
協働　141
経路依存性　91, 137
現場粘着性　91
高齢者移住のタウンマネジメント　166
高齢者移住のタウンマネジメント・プラットフォーム　161
高齢者の働きがいと食の安全安心プラットフォーム　155, 166
コスト負担サイド　122
ゴミ箱モデル　41

サ行

サービス・ドミナント・ロジック　67, 69
サービスイノベーション　67
サービスの可視化　126
サイド間ネットワーク効果　18, 24, 34, 161, 191
サイド間ネットワーク効果増幅戦略　130
サイド内ネットワーク効果　24, 91
サイド内ネットワーク効果深耕戦略　129
参画の端緒　42
事業創造のマネジメント　182
事業創造の革新性　78
市場設計のルール　175
社会技術　100
社会技術の開発事例　104
社会生活システム革新　175
収穫逓増の法則　25, 93, 94, 95, 184
需要における規模の経済性　23, 181
情報探索コストの縮減　30, 122
情報的相互作用　4, 140
情報のキャリアー　140, 167
情報の非対称性　18
情報の非対称性の解消　31, 126
新規性　74
スイッチング・コスト　47
水平補完の提携活動　88
正のシナジー効果　129
先行者優位　43
先行者優位の継続可能性　48
先行者利益　14
専門化した知識・スキルの交換　73, 74, 85
専有可能性　14, 47
戦略的社会性　136

207

双方向性　123, 167
ソーシャル・キャピタル　141
疎結合　15, 39
疎結合の関係性　40
疎結合のビジネスモデル　15, 57, 58, 189
ソシオダイナミクス・ネットワーク　4, 142, 144
組織学習　69, 85, 88

タ行

知的財産マネジメント　47, 49
ツーサイド・プラットフォーム　16, 37
デバイスとアプリケーションの同期化　8, 19, 34, 196
デファクト・スタンダード　48
独居高齢者の生活支援プラットフォーム　150, 166
トレーサビリティ　106, 155

ナ行

認証・評価機能　124
ネットセントリック　141
ネットワーク外部性　6
ネットワーク効果　23
ネットワーク効果増幅メカニズム　18, 24, 170, 191
ネットワーク組織　167
のぞき見客　90, 123, 132

ハ行

場　3, 140
ハードとソフトの分離　8, 19, 34
場のマネジメント　140
範囲の経済性　88, 129, 172
バンドル化　33, 52, 55, 131
非価格的調整　18, 31
非価格的調整機能　169
ビジネスモデル　56
一人勝ちの現象　95

標準プロトコル　123, 167
プラットフォーム　5
プラットフォーム・ビジネス　6
プラットフォーム・モデル　11
プラットフォーム架橋戦略　34, 132
プラットフォーム拡張戦略　11, 23
プラットフォーム協働モデル　13, 180
プラットフォーム公開モデル　12, 73, 178
プラットフォーム事業者　37
プラットフォーム戦略　8
プラットフォームの形態　9
プラットフォームの収益化　131
プラットフォーム編集モデル　12, 177
プラットフォーム包囲戦略　90
プロトコル　124

マ行

マルチサイド・プラットフォーム　10
マルチホーミング・コスト　21, 178
密結合　40
無形資産　71
模倣障壁　73

ヤ行

優遇されるサイド　120, 133
有用性　73

ラ行

ライフサイクル管理　32, 49, 58
ライブラリー（標準標本）　126
リスク・コミュニケーション　125
連帯欲求　140, 168
ロックイン現象　178

ワ行

ワンサイド・プラットフォーム　10, 22

■企業・事例索引■

A～Z

Amazon.com　94
G&Gサイエンス　109
ICタグ活用の緊急災害測量管理　111
iPhone　34
iTunes　75
iポット　151
NTTドコモ　3
Suica　10
Windows Media Player　75
Yahoo！オークション　178

ア行

アスカネット　76
移動体モニタリングシステム　109, 121, 129, 193
インプット　106
内子フレッシュパークからり　158
エコワークス　116
オゴー開発　111

カ行

介護モニタリング・オンコール電話　114, 120
花王　72
価格.com　23, 178
価値共創　69
緊急時安否確認メール　110, 121, 131, 182
計測技研　114
コム・アンド・コム　110

サ行

ジェネリック医薬品通知サービス　113, 145, 181, 193

自然エネルギー活用住宅　116, 120, 122, 132
芝浦特機　117
周南マリコム　115, 152
食品の遺伝子解析　108, 118, 126
生活習慣病予防診断システム　109, 119
セブン‐イレブン　32, 95

タ行

太陽光発電付賃貸マンション　117, 120, 130, 181, 192
データホライゾン　113, 145
独居高齢者安心見守りサービス　115

ナ行

任天堂　31
農産物のトレーサビリティ　106, 118
農産物のトレーサビリティシステム　126

ハ行

パナソニック　67, 72
ビジョンバイオ　108
防災メール・まもるくん　111
北海道伊達市　162

マ行

ミスミ　72
みまも〜る　151
モバイルクリエイト　109

ラ行

楽天　5, 178, 185
リプロ　111

▨ 著者略歴

小見 志郎（こみ　しろう）

1947年	神奈川県に生まれる
1970年	東京工業大学理工学部社会工学科卒業
1972年	東京工業大学大学院理工学研究科修了
同　年	株式会社野村総合研究所入社
	社会システム研究部長，サイバーコマース事業部長，
	主幹，グループ監査役等を経て，
2005年	県立広島大学副学長・経営情報学部教授
現　在	県立広島大学経営情報学部教授
専　攻	社会システム論，技術経営論，リスクマネジメント論
著　書	『ベンチャーマネジメント』（共著）日本経済新聞社，1983年
	『エレクトロニック・コマースの実務』（監訳）ダイヤモンド社，1996年
	『情報資産のリスクマネジメント』（単著）ぎょうせい，2005年

▨ プラットフォーム・モデルの競争戦略（きょうそうせんりゃく）
　　事業創造のマネジメント　　　　　　　　〈検印省略〉

▨ 発行日──2011年2月13日　初版発行

▨ 著　者──小見　志郎（こみ　しろう）
▨ 発行者──大矢栄一郎
▨ 発行所──株式会社　白桃書房（はくとうしょぼう）
　　　〒101-0021　東京都千代田区外神田5-1-15
　　　☎03-3836-4781　📠03-3836-9370　振替00100-4-20192
　　　http://www.hakutou.co.jp/

▨ 印刷・製本──亜細亜印刷

Ⓒ Shiro Komi 2011　Printed in Japan
ISBN 978-4-561-26556-6 C3034

JCOPY 〈㈳出版者著作権管理機構　委託出版物〉
本書の無断複写は著作権法上での例外を除き禁じられています。複写される場合は，そのつど事前に，㈳出版者著作権管理機構（電話 03-3513-6969，FAX 03-3513-6979，e-mail：info@jcopy.or.jp）の承諾を得てください。
落丁本・乱丁本はおとりかえいたします。

好 評 書

榊原清則・大滝精一・沼上　幹【著】
事業創造のダイナミクス　　　　　　　　　　　　　　　　　本体 3500 円

大薗恵美・児玉　充・谷地弘安・野中郁次郎【著】
イノベーションの実践理論　　　　　　　　　　　　　　　　本体 3500 円
　　—Embedded Innovation

河野豊弘【著】
研究開発における創造性　　　　　　　　　　　　　　　　　本体 2500 円

松田修一【監修】
日本のイノベーション1　ベンチャーダイナミズム　　　　　　本体 3300 円

松田修一【監修】
日本のイノベーション2　ベンチャー支援ダイナミズム　　　　本体 3300 円

松田修一【監修】
日本のイノベーション3　経営資源活用ダイナミズム　　　　　本体 3300 円

元橋一之【編著】
日本のバイオイノベーション　　　　　　　　　　　　　　　本体 3800 円
　　—オープンイノベーションの進展と医薬品産業の課題

小川紘一【著】
国際標準化と事業戦略　　　　　　　　　　　　　　　　　　本体 3800 円
　　—日本型イノベーションとしての標準化ビジネスモデル

石井正道【著】
非連続イノベーションの戦略的マネジメント　　　　　　　　本体 2800 円

原田　勉【著】
汎用・専用技術の経済分析　　　　　　　　　　　　　　　　本体 4500 円
　　—新たなイノベーション・モデルの構築

───────── 東京　白桃書房　神田 ─────────

本広告の価格は本体価格です。別途消費税が加算されます。